DESTINADAS A LA GRANDEZA

Sandra Vásquez

Corrección, Diseño de tapa e interior: **Ediciones Bara** - edicionesbara@gmail.com

Contenido

Tu identidad

Pasé muchos años sin saber en realidad quién Yo era y sin conocer qué quería hacer con mi vida. Siempre vivía tratando de impresionar a los demás, sin importarme cuánto esto me dañara. Quería que las personas que me rodeaban me cuidaran y me amaran, siempre estaba esperando mucho de todos menos de mí misma. Era la hija que todo padre deseaba tener, la hermana incondicional que prefería morir antes de revelar un secreto que aquella le había confiado.

Fui la novia que todo hombre machista sueña; callada, sonriente, sin reclamos y que todo lo que él desea ella está presta para cumplirlo. No me acuerdo las veces que lloré por el dolor de haber sido reprimida por hacer cosas que según alguien entendía que no estaban bien. Mi identidad estaba basada en lo que otros creían o pensaban de mí, y no importaba lo que hiciera, parecía no poder cumplir tales expectativas. A todo eso se añadieron creencias religiosas muy limitantes, donde se adhieren estas palabras como el modelo de formación favorito: "quítate..., deja…, sacrifícate…. y has aquello". Al pasar los años comencé a no recordar nada de mi anterior persona. Quién era, con qué soñaba, lo alegre que solía ser, lo atrevida y sagas que era; todo eso se perdió en el camino que decidí transitar y era querer vivir para otros. Había dejado de ser una mujer independiente, la mujer que no se doblaba, que sostenía sus ideas, la que defendía sus derechos y era fuerte a los halagos y a las amenazas. Cuando tú sabes quién eres, no cambias por las circunstancias de la vida o de las personas. En esos tiempos confusos se me olvidó cuidar de mí misma y permanecí así por más de trece años. En este tiempo de tanta exigencia confundí mi camino y perdí mi verdadera identidad.

Cuando tú sabes quién eres, no cambias por las circunstancias de la vida o de las personas.

El desarrollo de la identidad

La identidad. Es un conjunto de característica, datos o informaciones que son propias de una persona o de un grupo y que permiten diferenciarlo de otros. Esta palabra tiene una dualidad. Por un lado, se refiere a características que nos hacen percibir que una persona es única (una sola diferente de los demás), y por otro lado se refiere a características de personas que nos hacen percibir que son la misma persona sin diferenciarse de otras personas. Un ejemplo de la primera característica es: "Tu eres única y especial". En el segundo aspecto sería: "Tú eres única y especial, lo mismo que todas las demás"; en tu casa son seis hermanos y tu padre piensa lo mismo de todos sus hijos. Este tipo de identidad sólo comparte atributos que comparte con las demás personas. Esto pasa en grupos tales como pandillas, iglesias, grupos musicales, clubes, organizaciones de negocios, etc.

El desarrollo de la identidad ocurre en dos etapas:

❖ **La pertenencia.** Esto ocurre en los primeros años de la vida de la persona. La familia siembra la semilla de la educación social, religiosa y de valores en lo que se va identificando la identidad.

❖ **La individuación.** Este proceso del desarrollo psicológico de un individuo comienza en la adolescencia cuando el individuo empieza a buscar su destino y a diseñar su propósito de vida. Este proceso psicológico es muy influenciado por los educadores, la sociedad y el ambiente.

Los diferentes tipos de identidad:

❖ **La identidad personal.** Ésta alude en primera instancia al nombre y el apellido. Las personas crean alta o baja estima, crean buenos o malos hábitos, crean orgullo o vergüenza, etc.; basado en su nombre (el mismo) y en el apellido (sus familiares). Este ejemplo se ve mucho en la Biblia, en la cual en muchas ocasiones a las personas se le cambiaba el nombre al darle una nueva identidad, propósito y asignación. A Jacob Dios le cambió el nombre por Israel, a Abram se le llamó Abraham, a Saulo de Tarso, Pablo, a Simón se le nombró Pedro, entre otros. Las personas se sienten orgullosas por portar un apellido de renombre o que represente algo grande. Mi familia paterna, por ejemplo, se sentía alagada de llevar el apellido "Agramonte", lo que hacía que nos mofáramos y enorgulleciéramos al hablar del mismo.

❖ **Identidad cultural.** Implica todo lo que tiene que ver con las creencias, tradiciones, símbolos, comportamiento, y los valores que comparten un determinado grupo de personas y que son, a su vez, los que le permiten al individuo la existencia de un sentimiento de pertenencia. Esto ayuda a que, a pesar de las diferencias, las personas tengan algo en común. Si los valores de una sociedad, una organización, una iglesia o un país están bien determinados, a la persona no le costará mucho tiempo o esfuerzo en adaptarse, y sentirse parte al conocer el grupo que ya está o llegó a su casa. **Identidad nacional.** Es aquella que vincula al individuo con la nación de la cual forma parte. Un ejemplo son los norteamericanos, los cuales se sienten orgullosos de formar parte de una nación próspera, que dignifica al ciudadano.

❖ **Identidad de género.** Éste suele ser igualado con el de la identidad sexual, aunque muchos establecen diferencias entre ambos, esto por la discusión que se ha despertado hoy en día de quién es hombre o mujer. El concepto de género hace diferencia a una clasificación de individuos o cosas en las que los mismos pueden ser ordenados según sus rangos o características particulares que los distinguen. En este caso las personas basan su identidad en lo que tienen, poseen, en su estatus social, en su género (si es macho o hembra), en su educación, en su nacionalidad, etc.

La identidad basada en falsos cimientos

Las mujeres tienen muchas maneras de desarrollar una falsa identidad, entre las que mencionaré algunas de las siguientes:

❖ **Lo que los demás dicen de ella.** Esto hace que estas mujeres basen su identidad en falsas verdades, lo que otros dicen de ella o han dicho en el pasado podría no servir para tener una identidad saludable. Una niña que constantemente escucha decir a su padre: "Tú eres de esas niñas que siempre están retrasadas en todo, o que aprenden lento" o "tú eres igual a tu tía, abuela, madre, o tal o cual persona". Eso hará que ella desarrolle una creencia de que posee los atributos, defectos o cualidades de la persona mencionada. Si se le dice retrasada y estúpida, ella desarrollará tales creencias.

Este tipo de identidad está basada en los comentarios de

alguien más. Quizás a ti ya te ha sucedido lo mismo y aunque esos comentarios no sean ciertos, si tú los crees, los conviertes en verdad. Pues una creencia no es simplemente una idea que la mente posee, es una idea que posee a la mente. Si tienes una identidad basada en lo que otros han dicho de ti, le has dado a esas personas un control y poder inmensurable sobre tu vida.

Aunque esos comentarios no sean ciertos, si tú los crees, los conviertes en verdad.

❖ **Las posesiones.** Algunas mujeres basan su identidad en lo que poseen. Esto hace que desarrollen una insaciable sensación de poseer cosas. Éstas son las mujeres que cuando no se sienten bien consigo mismas, salen corriendo para el centro comercial (Mall). Luchan con la tendencia de comparar sus posesiones con la de otras mujeres. Mi esposo cuenta siempre un chiste cuando habla de las mujeres y el hábito de las compras. Él dice que las mujeres oran a Dios diciendo: "Señor líbrame del mall"; y los hombres oran todos los días: "Señor líbrame del Mal". ¿Tienes esta tendencia? Quiero consolarte al decirte que no eres tú la única que lucha con estos falsos fundamentos de posesiones.

❖ **La apariencia.** Tengo una amiga a la cual llamaré Donald, ella es una mujer joven y hermosa, de ojos azules y pelo rubio. Siempre me llamaba para hablarme y expresarme lo fea que ella se siente, lo torpe, inútil y pobre que es, entre tantas cosas que me dice. Para ella es difícil aceptar que es hermosa e inteligente. Ella dice que desde niña la criaron sintiéndose fea, pobre, estúpida, desdichada, rechazada y abandonada. Ella se ve como la veían y no había nada que yo pudiera hacer o decir para ayudarle a cambiar ese sentimiento. **Muchas mujeres piensan que su identidad está ligada a "cómo se ven y se sienten con su apariencia física".** Estas mujeres se quedan frente al espejo por varias horas al día y gastan mucho dinero en artículo de belleza. Este tipo de mujeres se le puede arruinar el mejor día si no se sienten bellas y físicamente atractivas. Al perecer se les ha olvidado que el éxito más grande en la vida es la aceptación de una misma.

Hago un fuerte énfasis en su sentimiento hacia ella misma, ya que su atractivo está en gran parte basado en su percepción de cómo luce. Muchas mujeres pueden hablarle de lo bella que es, pero si ella no se ve tan atractiva por dentro, los elogios de otros no provocarán ningún efecto. A menudo tus percepciones están basadas en las reacciones de la gente. Por lo general, cuando comparamos nuestras diferencias, nuestra apariencia, nuestros talentos, nuestros amigos o nuestras posiciones con la de otros, estamos haciendo una comparación basada en la fantasía de una mentira. La verdad es que aunque te compares con otras mujeres, pensando que ellas tienen mejor futuro o mejor vida que tú, se te olvida que nunca has caminado con los zapatos de ellas, por lo que en nuestras comparaciones siempre estamos pensando en lo que nos gustaría o no gusta de alguien, pero que no tenemos. En otras palabras, estamos comparando lo mejor de ellas con lo peor de nosotras.

La comparación siempre va acompañada de una fantasía de la mente, ya que ninguna persona vive un estilo de vida supernatural o siendo una estrella de Hollywood todo el día. Hacer una imagen de una persona perfecta las 24 horas es la explicación de por qué los romances en las telenovelas llaman tanto la atención y son tan interesantes para las mujeres. Estamos insatisfechas con nuestra existencia, por lo que vivimos nuestra vida indirectamente a través de la imagen de otra persona, creando así un mundo de fantasía.

En otras palabras, estamos comparando lo mejor de ellas con lo peor de nosotras.

Me acuerdo cuando era novia de Wilson; debido a que él tenía diferentes gustos, formación y creencias con respecto a las mías, traté de convertirme en esa mujer que él deseaba tener. Para eso tuve que transformarme en la mujer que yo no era, en muchas ocasiones trataba de ser como algunas de sus amigas del pasado, pues él me mencionaba cualidades de ellas que yo trataba de reproducir en mí, pero por más que me esforzaba, era inútil.

En esa lucha de buscar identidad para mi futuro esposo, entendí que no podía hacerlo de esa manera, pues si él quería que yo fuera otra persona, no debió elegirme a mí. Tomé mi postura, lo enfrenté y le dije que, si él quería una mujer diferente a mí, debía buscarla. Le dejé bien en claro que yo era una mujer diferente a todas las amigas que él había tenido y conocido, y que no iba a cambiar para convertirme en una persona que en realidad no era. No negocié mi identidad con él, por lo que tuvo que elegir entre su falso concepto de mujer o yo. Es necesario como mujer que puedas entender quién eres, porque de otra manera te convertirás en otra persona la cual tú no eres.

Cuando tenemos en la mente la creencia de que sólo somos valiosas si somos bellas, si usamos las mejores marcas, si conocemos a las mejores personas, si somos triunfadoras o si financieramente estamos estables, es porque tenemos conceptos erróneos de identidad. Bajo todos estos estándares, estaremos edificando nuestra autoimagen en falsos cimientos. Sutilmente nos encontramos buscando en otra persona "importante" la definición de lo que es belleza, lo que son buenos productos, quiénes son las buenas personas para asociarse y qué es estar financieramente próspera. **Cuando aceptamos estas opiniones efímeras como reales, le comenzamos a caer bien a la sociedad, porque encajamos en sus patrones**, pero: ¿qué pasa cuando los patrones son rotos? La gente comienza a etiquetarnos y a definir nuestro valor propio.

Es necesario como mujer que puedas entender quién eres, porque de otra manera te convertirás en otra persona la cual tú no eres.

La mayoría de nosotras tenemos una crítica interna permanente, la cual influencia significativamente en lo que creemos de nosotras misma y en cómo respondemos a los demás. La crítica interna es como una cadena ligada a la conciencia y opera en base a los criterios que fueron desarrollados en respuesta a los juicios que nos hicieron en el pasado y las evaluaciones de los padres y otras personas de respeto que contribuyeron en la educación de nuestra infancia.

Preguntas para identificar patrones falsos en tu identidad

En esta parte es importante tomar un tiempo para responder y analizar cada una de estas preguntas:

❖ ¿Qué crees tú de ti misma?

❖ ¿Está tu identidad basada en bases falsas?

❖ ¿Crees que hay algo mal y equivocado en ti?

❖ ¿Tus padres te desaprobaban cuando querías hacer algo diferente? Si es así, ¿cómo eso te hizo sentir?

❖ ¿Crees que tienes que agradar a todo el mundo para ser buena?

❖ ¿Crees que tu eficiencia está ligada a la educación que has adquirido?

❖ ¿Crees que tu suficiencia está ligada a tu apariencia física, como cuán alta o baja sea, qué tan flaca o gorda te ves, o si eres blanca o negra?

La pregunta final es: ¿Por qué seguir aferrada a la baja autoestima y la falsa identidad si naciste destinada para cosas grandes?

Es tiempo de ponerse en acción

He hablado con muchas mujeres quienes dicen: "Verdaderamente quiero deshacerme de mis viejas creencias sobre mí misma, pues, aunque no me hacen aparente daño, me limitan". A éstas generalmente les contesto: "Ése es un buen comienzo, pero ¿y cómo harás el resto del trabajo?". A lo que ellas me preguntan: "¿Qué otro trabajo?". Entonces, les explicó lo siguiente: "La limpieza interna o el cambio interno es como limpiar una casa que queremos que se vea bella, limpiarla es sólo la mitad del trabajo, pues una vez que termino de limpiarla, necesito decorarla". ¿Por qué? preguntan ellas. "Porque puede que no sea tan fácil deshacerse de algunas de tus creencias profundamente atrincheradas en tu subconsciente. Además, una vez que te deshaces de ellas, necesitas reemplazarlas por creencias nuevas, acertadas y positivas sobre ti misma".

Por más de diecisiete años yo vivía con conceptos y creencias que no me permitían avanzar en la vida. Debido a que en mi ideal de cómo debía ser la vida estaba erróneo, dejé de vivir. Mi apariencia era la de una mujer triste y vacía, llena de sueños rotos y pidiendo a gritos en el interior ser aceptada. Aun así, no tenía amigas y prefería seguir sola (hoy entiendo que no tenía amigas, ni amigos, por el miedo ser herida).

He visto muchas mujeres que ya perdieron su capacidad de ser felices y de vivir, estas mujeres necesitan sanar su pasado y encontrar su propósito. Sólo el propósito de Dios da sentido a la vida. **Yo no sabía quién era y cuál era la razón por la cual estaba en esta tierra. Todo era malo para mí y peor aún llegué a pensar que había nacido para vivir en la sombra.** No tenía derecho alguno de vivir una vida mejor, por lo menos eso fue lo que indirectamente me enseñaron mis formadores. Como mujer de un líder de una organización religiosa tradicionalista, algunos me decían que si brillaba mucho opacaba a mi esposo, si sabía mucho le quitaba su lugar, si me metía mucho en sus asuntos era gobernativa y si él me dedicaba mucho tiempo era un gobernado el cual no era digno de llevar su investidura. Esto me hacía vivir retraída y sin iniciativas propias. Hoy puedo decir que conozco quién soy, entiendo que tengo un propósito, sé de lo que soy capaz, pero para eso tuve que hacer un cambio de mentalidad y dejar atrás todas esas creencias limitantes. Jesús dijo: "No se echa vino nuevo en odres viejos, pues el odre se rompe y se echa a perder el vino". El odre, aquí, representa la mente y el vino representa el conocimiento. Si quieres un cambio, es necesario que renueves tu manera de pensar acerca de ti misma.

Sólo el propósito de Dios da sentido a la vida.

Robo de identidad

En un pequeño pueblo había una mujer, la cual le llamaré Mahana, nadie quería casarse con ella pues todos tenían la idea de que era muy fea. En este pueblo, cuando un hombre pretendía a una mujer debía pagar una dote de vacas. En aquel lugar, la mayor dote que se había pagado por una mujer eran tres vacas, pero ese precio sólo lo obtuvo la "Miss pueblo", la cual había sido la más hermosa de todas. Todos pensaban, aun sus padres, que cuando Mahana se fuera a casar, nadie daría ni una vaca coja; pero asombrosamente sucedió que un joven económicamente bien posicionado y muy codiciado por todas las chicas, se enamoró de ella. El padre de Mahana en muchas ocasiones decía que, si daban por ella una vaca de tres patas y que diera leche agria, estaría complacido, pues su único objetivo era ver casada a Mahana y tener algún nieto de ella.

Debido a los constantes comentarios de que Mahana era fea, ella desarrolló una muy baja estima, siempre se escondía cuando alguien llegaba a casa y nunca miraba a las personas a los ojos, por lo que todos pensaban que también era bizca. Mayormente ella tomaba el estilo de peinado con los cabellos tapando su cara, razón por lo que casi nadie sabía cuál era su verdadero aspecto, lo único que la gente conocía de ella era lo que todos en el pueblo incluyendo su padre decían. La gente es lo que cree que es, pero esa creencia en muchas ocasiones es alimentada por lo que otros han dicho. Esto se aplica a todo lo que el ser humano cree, la mayoría de la gente no cree lo que él mismo ha descubierto, sino lo que le han dejado saber.

La gente es lo que cree que es, pero esa creencia en muchas ocasiones es alimentada por lo que otros han dicho.

Yoni Lingo, el joven que se enamoró de Mahana, cierto día al caminar por el pueblo, se encontró con el padre de la joven, y le expresó sus pretensiones. Luego le dijo que iría en unos días a su casa y le llevaría la dote que de costumbre se pagaba por una joven. El padre sorprendido e incrédulo, acordó con Yoni el día y se dieron la mano para cerrar el trato. Llegó el momento esperado y el padre luchaba con la joven para que se bajara de un árbol en el cual se había subido para esconderse del hombre que la pretendía. Por no aceptarle a su padre el salir de su escondite y prepararse para recibir a su prometido, éste se enojó mucho y le propinó, como siempre, palabras hirientes. Pero esto era normal para la joven que estaba acostumbrada a que, tanto su padre como los demás conocidos, le tiraran consigna tales como: "Tú eres fea, no vales nada, no eres importante, nadie pagaría nada por ti, te vas a quedar sola pues nadie te va amar, quién malgastaría una vaca comprándote, quién se va a fijar en una muchacha tan fea como tú".

Yoni Lingo se dilató un poco en llegar a la casa y, mientras tanto, el padre de la joven vociferaba insultos contra ella: "Yo sabía que este muchacho no podía ser tan bruto como para casarse con alguien como tú.

Al principio pensaba que lo había hecho por mezquino, pues hasta un tonto sabría que con tu dote no gastaría mucho dinero de su fortuna. Lo que él no se imagina es que, si trajera una chiva o una vaca de tres patas, se la aceptaría, pero veo que ni eso, éste sólo quería burlarse de la familia y eso es lo que eres tú, una burla para tu familia".

No bien su padre había terminado la última palabra, cuando a la distancia apareció Yoni Lingo y detrás de él venían las vacas para la dote. El hombre no podía creer lo que presenciaba, pues el conteo de las vacas que venían con Yoni terminó en siete. ¡Siete vacas el joven ofreció por Mahana! Ese día cerraron el trato y Yoni y su prometida se casaron.

Por otro lado, Yoni le había dicho al joyero del pueblo que le preparara un espejo para su novia con los marcos en oro macizo. Esta proposición hizo que el joyero creyera que Yoni había perdido el juicio. En primera instancia, todos en el pueblo creían que él la pretendía por mezquino, pero al ver cuánto pagó por la joven y la joya que le había comprado como regalo de boda, pensaban que estaba loco.

El día anterior al casamiento, Yoni visitó al joyero, el cual había terminado el hermoso espejo. Yoni Tomó con alegría el espejo, lo envolvió con delicadeza en el cofre y le dio una abundante propina al joyero. Pasado los días, Yoni y su esposa se fueron de "Luna de Miel".

Al llegar a la cabaña, ella, con toda la timidez que la caracterizaba, no quería que su esposo la mirara a los ojos, pero él, después de decirle cuánto la amaba y lo hermosa que ella era, le regaló el espejo y le explicó que debía usarlo para que pudiera apreciar su belleza. Al abrir el regalo, Mahana no lo podía creer, ¡el espejo era de oro!

Al principio, a ella se le hacía muy difícil mirarse en el espejo, pero luego comenzó a tomar confianza y se comenzó a ver con más regularidad. También cuando ella salía al mercado escuchaba a las demás jóvenes decir: "Ahí viene la mujer por la cual pagaron siete vacas"; y entre unos y otros comentarios escuchaba algunas preguntarse: " ¿Y por mí pagarán tanto?". Otras decían: "Esa joven es digna de imitar, yo espero que por mí paguen, aunque sea, cinco vacas". Los comentarios que hacían los demás, el espejo y el trato de Yoni Lingo la hicieron que cambiara su actitud hacia sí misma y comenzara arreglarse correctamente. Ahora se dejaba ver el rostro, cuando iba a la playa exhibía su cuerpo en traje de baño, muchos en el pueblo quedaban sorprendidos al contemplar su belleza. Muy pronto los comentarios de la gente cambiaron y, en vez de pensar que Yoni era un loco por dar siete vacas por la joven, decían que Yoni Lingo era un aprovechado por engañar a tan pobre e indefenso campesino (refiriéndose al padre de Mahana). Es importante resaltar que las personas siempre tendrán diferentes opiniones sobre ti y, en la mayoría de las veces, ninguna será la correcta.

Cierto día el joyero llegó a la casa que Yoni tenía cerca de la playa para hacerle entrega de otro regalo que éste había mandado a fabricar para su bella y amada esposa. Mientras él llegaba, estaba saliendo de la casa el padre de Mahana, el cual le reclamaba a gritos a Yoni que era un abusador y que lo había engañado por haberle dado sólo siete vacas por su hija. El joyero al presenciar la discusión y ver al suegro que salía de la casa ardiendo de ira, habló con Yoni sobre el incidente. Mientras hablan, su esposa sale, cortésmente saluda al joyero y camina hacia la playa. Él, asombrado por la actitud, la belleza, la seguridad y la gracia de la joven, le preguntó a Lingo si ésa era la misma esposa o se había vuelto a casar. Yoni le aseguró que ella era la misma. Luego, recibió la joya, pagó felizmente el justo precio y le dio las gracias al joyero por su trabajo. Inmediatamente, se disculpó por tener que retirarse, pues ese día había hecho cita para compartir con su esposa en la playa.

Mientras Yoni se alejaba, el joyero lo observaba caminar y se decía para sí mismo: "Este hombre parecía un hombre poco inteligente, parecía un mezquino, pero en realidad no lo era, es un hombre sabio el cual pudo ver un verdadero tesoro, donde mucho sólo veíamos desperdicios inservibles. Ahora, él tiene la mejor mujer de todo el pueblo".

Esta historia muestra el abismo entre lo que una mujer es, y de cómo se ve a sí misma. La esposa de Yoni era hermosa, pero como todos le habían dicho que era lo contrario, de alguna manera ella lo creyó y adoptó una apariencia acorde con esa creencia. Una verdad te hace libre, pero también una mentira te esclaviza. Cuando la joven Mahana escuchó los alegatos de la gente, que por ella habían pagado más de lo que alguna vez un hombre podría pagar por una mujer de su pueblo, esto acompañado del hecho de ella verse todos los días en el espejo con bordes de oro, más las veces que Yoni le decía lo hermosa que era y cuánto la amaba. Todos estos hechos juntos le fueron cambiando la perspectiva de sí misma. Que su esposo la viera superior hizo que la gente hiciera lo mismo y esto le permitió sacar toda su belleza interior y exterior. Se convirtió en la mujer que realmente era y que en el caminar por la vida había dejado perder. **Cuando una mujer pierde el valor de sí misma, piensa que nadie la puede amar y agradar, y como consecuencia comienza a vivir una vida inferior a la grandeza que Dios destinó para ella.** Toda la grandeza de una mujer radica en su valor propio. Mahana siempre fue bella, pero perdió su brillo cuando le quitaron su valor. La falta de valor propio hace que una mujer se vea fea y despreciable.

Toda la grandeza de una mujer radica en su valor propio.

Tu identidad es definida en tu esencia

Nosotras somos hechuras de Dios y creadas para toda buena obra, las cuales Dios preparó de antemano para que anduviéramos en ella. En medio de las crisis que la vida presenta, cada mujer tiene una batalla interna entre la persona que cree que es y la del propósito para lo cual fue destinada. Ésta es la guerra entre tu propia imagen y la imagen de Dios. Cuando digo "la imagen de Dios" estoy hablando en este contexto, el de tu llamado y propósito. Esto define para lo cual viniste a este mundo. La semejanza a tu Creador siempre estará definida por el carácter, y tu carácter refleja una imagen de quien realmente eres.

La autoimagen no está formada por la persona que en realidad eres, sino por la persona que tú percibes que eres; y esta percepción siempre está basada en la influencia del ambiente de los padres, los educadores y la sociedad. Te he venido hablando todo esto con el único interés de que puedas hacerte esta pregunta: ¿Qué hace que una mujer se desvalué a sí misma? Creo firmemente que se debe a que sin una fuerte convicción del propósito de vida y una imagen correcta de Dios en la cual la mujer pueda apoyarse, ésta llega a estar rodeada o atrapada por comportamientos negativos o rebeldes. Una mujer con estos conflictos de identidad podría presentar sus frustraciones y baja estima por medio de la bulimia, la anorexia, las drogas, el abuso de alcohol, insatisfacción sexual, ninfomanía y todo esto con el interés de llamar la atención de alguien más. La mujer cuya identidad es trastornada de esta manera, desarrolla un carácter muy impulsivo, compasivo en extremo, violento y muy agresivo.

Tipos de mujeres:

❖ **La independiente**. Ésta es la mujer que sostiene por encima de todos sus derechos y opiniones. Ésta toma control de sí misma y no se imagina pidiéndole ayuda a alguien o dependiendo de un hombre. Este hábito en muchas ocasiones le desarrolla una debilidad de carácter y en muchas ocasiones terminan sin casarse o con muchos divorcios. Suelen mantener algunas áreas de su vida escondida por el temor de perder el control.

❖ **La mujer autodependiente**. Es aquella que se deja guiar mucho por las emociones. Ésta generalmente es dirigida por un espíritu de temor que se oculta con una máscara de orgullo. No se permite aceptar con libertad la ayuda de otros, cuando ella toma decisiones y acciones, sólo confía en su poder y razonamiento. En esta mujer fue que me convertí cuando descubrí que me estaba dejando abusar de las demás personas, de sus ideas, opiniones y deseos. Cuando digo dejándome abusar me refiero a que nosotras somos las únicas responsables de que otros nos abusen, nos usen. Esto por las decisiones que una misma toma. Luego que abrí los ojos quería vengarme del mundo por todo lo que había dejado que me hicieran. Tomé un comportamiento muy orgulloso y eso me dañó más aun, pues de víctima pasé a ser abusadora. Las personas suelen tomar comportamientos agresivos tratando de no volver a repetir las mismas experiencias de dolor que le marcaron en el pasado.

❖ **La mujer dependiente de otros.** Ésta tiene una mescla entre ideas y acciones. No siempre se presenta como una mujer necesitada e indefensa, sino que algunas veces esconde sus debilidades e inseguridades tras una máscara de falsa fortaleza. En vez de dejarse ayudar, ella esconde su necesidad ayudando a otros, aun hasta el punto de poner en peligro su vida. **Necesita personas que dependan de ella para afirmar su valor y es en este punto donde comienza a ser dependiente.** Es guiada por lo que las personas piensan de ella. Aun cuando busca ayudar a otros, lo hace con el objetivo de ser aceptada por ellos. Ella ve sus buenas acciones como una manera de ganarse el amor de Dios y de los demás. La mujer dependiente se olvida de que ella es amada desde antes de su existencia. Ignora que su valor no radica en lo que diga el hombre, sino en lo que Dios ha dicho. "Maldito es aquel que se apoya en el hombre y pone carne por su brazo, y su corazón se aparta de Dios. Será como la retama en el desierto y no será capaz de ver cuando venga el bien. Bendito el que confía en el Eterno y pone su confianza en él, será como árbol plantado en corriente de agua, que junto a la corriente echará raíces y no verá cuando viene el calor, sino que sus hojas estarán verdes para siempre". Si tienes confianza en que Dios ha destinado cosas buenas para ti, podrás moverte en las líneas enemigas con agresividad y confianza. También serás determinada en salvarte a ti misma y en ayudar. Una mujer que sabe lo que Dios piensa de ella, se convierte en una mujer amorosa y segura de sí misma.

Lo que no te pertenece. Completo rendimiento (del carácter)

Hace unos años que me encontré a mí misma, encontré el amor del Padre celestial y éste me llenó más allá de lo que humanamente una persona pudiera imaginar. Descubrí que, aunque yo no soy perfecta, Dios no me juzga, no me señala, no me rechaza. Ese amor bien comprendido puede cambiar tus expectativas de la vida. Debemos ir detrás de nuestros sueños y luchar hasta alcanzarlos, pues los pensamientos que el Eterno tiene para nuestras vidas, son de bien y no de mal. Estoy consciente de que soy llamada a ser mejor mujer, mejor madre, mejor esposa e hija. Pero para esto **tuve que** dejar atrás todo peso que **me asediaba**, tales como el **odio, el resentimiento, la amargura, la baja autoestima, la falta de valor, el rechazo, el sentimiento de abandono, la envía, los celos, las disensiones, los pleitos, la crítica, los chismes, la flojera, la deshonra, el dolor, el temor, la depresión, el egoísmo, la manipulación, el abuso, la negatividad, la rebeldía, el engaño, las preocupaciones, los afanes, la desesperanza,** y todo lo que me impide ser una mujer más excelente.

En una de las historias de la Biblia cuenta que Jesús en las bodas de Caná convirtió el agua en vino y los que probaron el vino hecho por Jesús dijeron: "Todo hombre sirve primero el buen vino y luego que han bebido mucho le da el peor, pero éste hizo lo contrario y dejo el mejor para el último". Esto es lo que pasa con una mujer que ha sufrido una total transformación, ésta hace que con el tiempo vaya restaurándose su belleza en vez de perderla. Una vez oí a alguien decir que la necesidad de la poligamia consistía en que los hombres podían saciar sus deseos sexuales con una mujer más joven. Según él, en el matrimonio había momentos cuando la primera esposa no tenía la capacidad de saciarlo. "La mujer tiene un tiempo donde sexualmente no le puede corresponder a su marido", acotó él. Esto científicamente puede llegar a ser verdad, pero debido a que hay una estrecha relación entre la mente y el cuerpo, en la mayoría de los casos esto ocurre no por la incapacidad física de la mujer de complacer al hombre sexualmente, sino porque muchas mujeres han sido tan dañadas, que ya no sienten ganas de estar con su esposo o con cualquier otro hombre. Es aquí donde entra el papel de la renovación y la transformación del espíritu y el alma (mente) de la mujer. Para que esta transformación sea efectiva, se requiere dejar atrás todo peso emocional que le agobia y le produce cansancio. La transformación del espíritu y la mente trae como resultado una transformación en el cuerpo y en el carácter.

Una de mis tías maternas enviudó muy joven, sin embargo, no se volvió a casar y después de más de veinte años de estar sola, no tuvo ninguna aspiración de hacerlo. Mi tío era un buen hombre, en el aspecto de que no hacía ningún mal en contra de la sociedad ni del prójimo, pero sí en contra de sí mismo y de su familia. Mi tío fue un hombre trabajador, un hombre de bien, porque nunca hizo algo fuera de la ley. Pero era un mujeriego, alcohólico y trataba a mi tía bajo todo tipo de humillación y maltrato emocional. **La experiencia de mi tía, en lo que respecta a los hombres como compañeros en el viaje de la vida, me parece que no fue muy excitante.** Todo lo contrario, me parece que fue muy humillante y dolorosa. Ella nunca lo ha expresado abiertamente, pero tales experiencias con el único hombre que tuvo, le quitaron todo deseo de volver a amar a otro. En mi vida hubo un tiempo en el que no tenía ningún deseo sexual y cuando mi esposo me buscaba en la intimidad sufría calladamente, pues no quería decirle que no, porque sabía que esto le causaría dolor y decepción. Esto me llevó a mentirle; fingía sentir placer y que tenía orgasmos múltiples. No sabía cómo superar esa situación debido a que no quería que mi esposo me despreciara o me etiquetara como una mujer mentirosa y frívola. Mantuve este comportamiento la mayor parte de nuestra actividad sexual hasta que pude tener una limpieza en mi espíritu, donde fui capaz de perdonar y dejar atrás todo lo que a mí no me pertenecía, entonces de manera mágica comencé a tener sensibilidad en mis órganos sexuales y a disfrutar el acto sexual. Como mujer es posible que te sientas impotente o incapaz en algunas áreas de tu vida, pero es necesario que sepas que todo lo que viene a robar tu identidad, tu propósito, tu felicidad y tu abundante riqueza de su gracia, no te pertenece, y si no te pertenece, no debes llevarlo contigo. Es tiempo de que sueltes toda carga que te asedia y que prosigas a la meta hacia la grandeza que ya te fue asegurada.

La transformación del espíritu y la mente
trae como resultado una transformación
en el cuerpo y en el carácter.

Donde se pierde la identidad

El apóstol Pablo dijo: "Porque, aunque tengáis diez mil ayos, no tendréis muchos padres; pues solo tienen un padre espiritual y yo me convertí en su padre cuando les prediqué las buenas noticias". En la perspectiva de este autor, él presenta su relación con sus discípulos como la relación de un padre con su hijo. Y debido a esta declaración podemos tener una idea de cómo debe ser el papel de los padres.

Aunque el papel de nuestro padre y madre coinciden en algunas áreas, hay algunos valores que sólo los hijos pueden obtener en el papá. El padre les modela a sus hijas con su ejemplo y su amor como la debería tratar el hombre con el cual se casarían en el futuro. Para una mujer su papá es su primer amor y es su figura de hombre más correcta. Si este hombre la abusa, la maltrata verbalmente y no le da el suficiente tiempo y afecto, es probable que inconscientemente en el futuro ella elija a su esposo con un parecido al carácter de su padre.

Una de las cosas que admiro de Wilson es que le encanta llevar a las niñas a buenos lugares y que ellas disfruten las cosas buenas de la vida. Al principio, al no entender sus intenciones, pensaba que esto era parte de su debilidad por ellas, pero luego me di cuenta que su verdadero objetivo es que ellas tengan un valor correcto de sí misma. Él siempre me dice: "En el futuro, cuando a ellas les toque elegir sus esposos, no quiero que elijan un hombre por necesidad, por falta de amor, o por soledad, por falta de aprecio y mucho menos porque nunca vieron lo hermosa que es la vida". Cuando ellas le piden a él que las duerma, él se queda en su habitación hasta que se duermen y si le piden dinero, difícilmente les dice que no. **Todo esto parece muy permisivo, pero yo estoy de acuerdo, porque las niñas que mendigan de su padre amor, dinero, tiempo y aceptación; lo mendigarán también de sus novios, de sus esposos y del mundo en general.**

He oído a una madre amiga decir palabras como éstas: "Mi hija no se da valor, pues siempre está aceptando ese hombre que no la ama, pero no tengo nada que reclamarle; porque es lo mismo que ha hecho su padre conmigo, es lo que hizo mi padre con mi mamá". **La verdad es** que las niñas van a ser las copias de sus padres, pero en el asunto del amor y las relaciones serán muy influenciadas por las acciones de sus padres.

En la antigüedad, algunas culturas tenían un rito llamado "el rito de la iniciación". Éste consistía en la capacidad que tiene el padre de ayudar a sus hijos en la transición de la niñez a la pubertad, y para que estos puedan identificar los talentos especiales y los dones de los mismos. Un padre ausente o que no entiende su función en el desarrollo de su hija como mujer, podría crearle una fuerte confusión en su identidad. La **identidad se pierde en el mal desarrollo del carácter**, ya que ésta debe ser cultivada como un jardín mientras esperamos su fruto que es el valor propio.

Ambos juegan un papel clave. La influencia del padre en el desarrollo de la identidad

La cultura moderna ha olvidado que tanto el padre como la madre son sujetos claves en la formación de la identidad de los hijos. En una sociedad moderna, donde las madres juegan el papel de ambos y donde los padres en muchas ocasiones están ausentes de la casa la mayor parte del tiempo, la crianza se convierte en un desafío y los valores e identidad no siempre son claros. Cuando los dos padres han influenciado en la crianza de sus hijos, estos obtienen una educación y un crecimiento más balanceado. Los padres por naturaleza animan más a sus hijos a tomar riesgos, mientras que la madre, por lo natural, es más protectora. Cuando nació mi primer hijo, mi esposo me decía "la gata parida", porque yo era tan protectora que no dejaba que nadie lo besara, ni siquiera él. Además, no lo dejaba gatear en el piso, no dejaba que los amigos lo cargaran, etc. **Yo creía que eso era bueno, pero un niño que no toma riesgos, que no comete errores y sufre fracasos en sus propias decisiones, será fuertemente afectado en su desarrollo, pues parte de la identidad y el potencial lo descubrimos tomando los riesgos necesarios. En muchas ocasiones escuchamos a los padres decir: "Yo me rompo en diez para que mis hijos no pasen por lo que yo he pasado"; eso se oye muy lindo, pero no sirve en la formación del carácter.**

Ya les he dicho que por lo general soy muy protectora de mis tres hijos, y cuando veo a Wilson permitirle hacer cosas que por lo general son muy peligrosas o incómoda, mi primera reacción es no forzarlos, y decir "ellos lo harán luego". Pero después reacciono, porque entiendo que él como padre no sólo tiene el deber de sacarles esos dones y atributos internos, sino también de animarlos para que acepten que él es también su principal mentor en el desarrollo del carácter. Todas nosotras nos podemos identificar con lo bueno y maravilloso que es tener la aprobación de nuestros padres. Si creciste con padres emocional o físicamente ausentes, con padres desinteresados, perfeccionistas, mal hablados, es probable que sufras confusión sobre quién eres y sobre tu valor e identidad.

Según los estadistas en los Estados Unidos cada vez es más alto, el porcentaje de niños y niñas que están creciendo en un hogar con padres no son sus padres biológicos. Y en otras ocasiones los niños crecen en hogares liderados por madres solteras; sin importar que tan buenas sean las madres, ellas nunca podrán reemplazar por completo el papel de los padres. Ésa es una de las razones por la que una mujer que no haya tenido unos padres que la guie hacia una verdadera identidad, pasará toda la vida buscando en camino equivocado el valor de la misma. Muchas mujeres por sus actos son marcadas y señaladas, pero la gente se olvida que cuando una persona no sabe quién es, termina convirtiéndose en lo que alguien más dice que es.

Lo que recibe de los hombres es lo que espera de Dios

Muchas personas creen que todo lo recibirán del cielo y otros creen que todo le vendrá de la tierra, pero la verdad es que hay una relación entre un mundo y el otro, entre esta dimensión y la invisible. Esto se aplica al mundo espiritual y al mundo interno de los seres humanos. Todo lo natural tiene una manifestación en lo espiritual y viceversa. Siguiendo este principio, me atrevo asegurar que las mujeres que no tuvieron papá, que su padre no estuvo presente o fue poco afectivo en su trato de amor con ellas, se le hace difícil pensar que su Padre Dios quiere ser bueno con ellas. Para ellas separar la figura del padre terrenal con la del celestial puede ser una tarea imposible. Un padrastro en muchas ocasiones trata de suplir ese vacío, pero nunca es lo mismo. Una niña cuyo padre la abandona se sentirá poco amada. Sentir la llegada de tu padre cada tarde, sentir su abrazo, su amor, su cariño, sus juegos, sus regalos, sus palabras de afirmación y amor, es algo que no tiene sustituto sobre la formación del carácter. Esas experiencias pueden ser superadas, pero nunca reemplazadas. Ésta es la razón por la que me atrevo a asegurar que nuestra identidad nace y es fortalecida en la relación que tenemos con nuestros padres biológicos, pero es definida en la relación con nuestro Creador original y Padre celestial. Él nos define como hechuras suyas y obras de sus manos, creadas a su imagen y semejanza, con todos sus poderes, cualidades y dones. Quizás tú nunca tuviste padres saludables, o alguien que pudo decirte: "Imítame y sigue mi ejemplo". Quizás ni siquiera tuviste a alguien que te diera abundancia de amor, pero eres única y especial, dentro de ti está quien creo el universo, tu cuerpo es su templo y eso es un hecho que te puede hacer tener el valor que necesitas para que te valoren.

Una identidad en el pasado. Déjala ir, no te pertenece

Los pensamientos, acciones y hechos del hombre, en su viaje por la vida, quedan enmarcados en tres etapas del tiempo, las cuales son: El presente, el pasado y el futuro. El presente es el resultado de tu pasado y tu futuro será el resultado de las decisiones y las acciones que estás tomando hoy. Si analizas la cuestión de las etapas del tiempo, sólo podemos hacer cambios en el presente. Primero, porque el pasado quedó atrás y, segundo, porque el futuro no existe. Para tener un verdadero cambio debes dejar atrás tu pasada identidad y edificar en conceptos nuevos cuyo fundamento o cimiento es el amor pleno. Para lograr esto necesitas decidir qué valoras más, si tu falsa y vieja identidad, llena de heridas, del "ego" y lacerada por el sufrimiento, o la nueva identidad la cual estará fundada en Dios, pues "Dios es amor". Un ejemplo de tener una nueva y mejor identidad basada en el presente, es el del niño que tiene una muela a la cual le llaman comúnmente "dientes de leche". Éstas son las que se echan a temprana edad. Una vez que llega el tiempo de reemplazarlas, hay que sacar el viejo diente de raíz para poder tener uno nuevo y saludable.

El presente es el resultado de tu pasado y tu futuro será el resultado de las decisiones y las acciones que estás tomando hoy.

El reemplazamiento conlleva tres actos importantes:

❖ El viejo diente debe ser sacado a tiempo, o el nuevo crecerá torcido.

❖ El viejo diente debe ser sacado de raíz para que el nuevo no se corrompa.

❖ El nuevo debe ser cuidado, limpiado y ayudado para que no se dañe y corra con la misma suerte que el anterior.

Éste es un proceso natural y espontaneo, de la misma manera para tener algo nuevo en la vida es necesario abandonar lo viejo. Jesús dijo: "No pongan remiendo nuevo en paño viejo, pues el paño viejo se rompe y se pierden los dos. No se echa vino nuevo en odres viejos, pues el odre se rompe y el vino se echa a perder". **Muchas personas resisten el cambio porque lo viejo le ofrece seguridad y lo nuevo lo hace vulnerable.** Pero todo daño que haya sufrido nuestra autoestima, necesita sanidad, recuperación y reprogramación. Y es en esta etapa de sanidad y restauración donde entra la gracia sanadora del amor del Padre celestial.

Estudios sobre el cerebro han señalado que nuestra memoria no sólo archiva las representaciones mentales del pasado, sino también las emociones experimentadas en ese momento. Ésa es la razón por lo que cuando un individuo descubre los efectos de **los dolores, las humillaciones, las privaciones y los rechazos del pasado**, no sólo siente el dolor de lo ocurrido, sino también las reacciones de ese dolor. **Un individuo siempre podrá si quiere enfrentar esos sentimientos destructivos que**

ha tenido por años. Hay tres maneras de hacerlo: 1) Compartiendo tus sentimientos con Dios. 2) con un terapeuta y 3) con otras personas en la que puedas confiar. Pero recuerda que nadie puede confesar lo que primero no admite y reconoce por sí mismo. Pero cuando compartes tus problemas con la intención de sanar tu interior, traes a ti misma un nivel más profundo de apertura y sinceridad contigo misma, con el prójimo y con Dios; y para mí ésa es la verdadera sanidad interior es la apertura. Dejar atrás el pasado requiere de una apertura total al presente. Cuando no hay apertura, no hay verdadera sanidad.

Tener una apertura sobre nuestros errores o heridas del pasado puede ser resultar una acción dolorosa, y los sentimientos pondrían seguir aun después de ser expresados o confesados, pero recuerda que debemos pasar el proceso de sanidad dando gracias por la transformación que está trayendo ese momento. Los cristianos creemos que Cristo murió en la cruz por los pecados de toda la humanidad y que este acto fue una señal del amor profundo que Dios le tiene al Universo. Dios miró las maldades del hombre e hizo un plan de amor. Lo mismo deberíamos hacer nosotras, debemos amarnos tanto, que seamos capaces de pasar por la cruz interna de la transformación para obtener vida plena. Aunque el pasado no puede ser borrado, sí puede ser recordado sin dolor.

Concluyo diciendo que la identidad se pierde en el transcurso de la vida, cuando no tenemos una verdadera dirección y cuando no nos dan valor propio. Que puedes encontrar tu identidad dejando atrás tu pasado y enfocándote en el presente, en las promesas Dios para tu vida y constantemente decirte a ti misma que Dios tiene buenos planes contigo; así lo expresa el vidente Jeremías cuando dijo: "Porque yo sé los pensamientos que tengo, dice el Eterno, el Señor, pensamientos de bien y no de mal, para darte el fin que tú esperas". Para apoderarte de los planes que Dios tiene contigo, debes dejar atrás el pasado y comenzar a vivir un presente lleno de esperanza, amor y fe; y luego usar ese pasado para ayudar a otras personas que como tú han vivido prisioneras en una identidad perdida.

Declaro hoy sobre tu vida que...

"Hoy es el día de dejar atrás todas aquellas malas experiencias que te robaron la felicidad y la identidad en tu pasado".

"Que ahora decides romper con toda palabra de desaprobación hablada a tu vida que te han quitado tu verdadero valor y propósito".

"Que sueltas todo dolor y perdonas a las personas que te hirieron, no por ellas sino por ti misma, para deshacerte de toda experiencia que ha marcado tu vida".

"Te perdonas a ti misma y renuncias a todo estilo de vida que comprometa tu integridad. Hoy renuncias a buscar la seguridad fuera de ti misma y de tu fe en Dios".

"Que decides abrazar los planes que Dios tiene contigo, escogiendo una vida íntegra, plena y feliz, y que ya estás completa en todas las cosas".

Aunque el pasado no puede ser borrado,
sí puede ser recordado sin dolor.

El poder de la imagen

Carmen creía que de alguna manera su apariencia no era importante, ella no se arreglaba de la manera adecuada y no usaba lo que podía hacerle ver bien. Ella tenía una imagen hermosa, pero tenía que aprender a sacarla de su interior, pues de ahí salen todas las cosas falsas o poderosas. En otra ocasión conocí también a Carla, la cual no prestaba atención a su imagen personal, no cambiaba el color y su corte de pelo, y ella se conformaba con estar en su casa haciendo oficios y cuidando a sus hijos. Muchas mujeres cuando no trabajan fuera o cuando están en la casa tiempo completo, no se preocupan por su imagen personal. Aunque muchos crean lo contrario, la imagen personal tiene mucho que ver en cómo está la autoestima, pues cuando una mujer se siente hermosa, también se siente realizada, segura y plena.

Las variaciones en nuestra imagen, como las variaciones en todo lo que hacemos, crea nuevas expectativas. Ellas se veían literalmente sin atractivo. Pero más que eso, ellas lo creían, ellas se sentían que eran mujeres sin belleza, sin valor, sin autoestima, sin personalidad propia. Sus esposos no las valoraban y ellas tomaban lo que ellos le daban. **Cuando una mujer no se siente digna de nada, no tendrá nada. La imagen que una mujer tiene de sí misma, tiene relación con su autoestima.**

*Cuando una mujer no se siente digna
de nada, no tendrá nada.*

En la sociedad hay dos tipos de mujeres, las que creen que merecen y tienen lo que merecen de manera clara y definida, y las que creen que no merecen y se conforman con lo que el destino les ofrece. Cuando una mujer tiene en su mente pensamientos destructivos y ha formado la imagen y la creencia de que no merece nada, la vida a está no le dará nada o muy poco. Muchas mujeres se divorcian porque se casan pensando en el desastre. Cuando me iba a casar con mi esposo, le dije: "Piénsalo bien si te quieres casar conmigo, porque yo no me casaré para divorciarme"; y hasta ahora estamos felizmente casados. Tú siempre recibirás el bien o el mal que esperas recibir.

En una actividad de empoderar a las mujeres, se tomó a Carmen de modelo para transformarle su imagen física. La finalidad era mostrar el poder que tiene la imagen en un ser humano, pero especialmente en una mujer. Se le hizo un corte de pelo, se le arreglaron las uñas, le pintaron el cabello, la llevaron a un Spa para un facial, y concluyeron con un hermoso maquillaje. Cuando se terminó con el trabajo de transformación a Carmen, ella se veía otra mujer. Su esposo no lo podía creer. La abrazaba, la besaba, la acariciaba y aunque era la misma mujer, su esposo estaba tratándola como si fuera otra. Todo cambió en su vida cuando ella hizo un cambio. Es cierto que todo cambio comienza por dentro, pero los psicólogos dicen que las personas pueden cambiar más fácil su comportamiento que sus sentimientos. Esto se debe a los hábitos. Yo te aconsejo que si tú te sientes una mujer desdichada en cualquier área de la vida, comiences a cambiar la imagen de ti misma y tu imagen personal. Esto requiere también un mayor nivel de aceptación.

Podemos definir la imagen como la representación visual que manifiesta la apariencia de algo físico o imaginario. La imagen puede ser la representación de una persona, un animal o una cosa. El poder de la imagen es que ésta atrae a la mente la representación de la imagen que conlleva ese pensamiento o concepto. Un ejemplo podría ser cuando caminas y ves la imagen de Abraham Lincoln. ¿Qué historia te llega a la mente? Por supuesto, la de Abraham Lincoln. Cada vez que tú ves la imagen de un personaje famoso, lo primero que viene a la mente es la vida de ese personaje.

El pensamiento y la imagen

Después de una palabra o pensamiento, viene la imagen de ellos. La Biblia dice que Dios hizo al hombre a imagen y semejanza de Él. Si nosotras somos la representación del Infinito, entonces no somos cualquier cosa. Somos dueñas del Universo y el mundo nos pertenece. Una frase que me gusta usar cuando las mujeres me dicen: "Sandra, yo me siento fea, siento que no sé hacia dónde voy y no tengo propósito"; la miro y le digo: "No te olvides que Dios te hizo única y que votó tu molde para que no haya otra igual. La imagen que tú tengas de ti misma y de tus orígenes es lo que realmente eres. La imagen tiene más poder que la realidad. Pues tú eres y siempre serás lo que piensas en tu mente".

La historia antigua y sagrada cuenta que el pueblo judío vivió esclavizado por los egipcios cuatrocientos treinta años. Un día Dios le envió un libertador para de esa manera cumplir con la promesa que le hizo a Abraham de que le entregaría a los cananeos en su mano y los conquistaría, y que esa tierra sería para su descendencia. Moisés, el libertador, que no tenía una mentalidad de esclavo por haberse criado en la casa del faraón, sacó unos tres millones de personas de la tierra de Egipto, incluyendo mujeres y niños. En el camino, Moisés se detuvo y subió al monte Sinaí por cuarenta días a buscar la guía del Eterno y para escribir las leyes que regirían a ese pueblo, pero el pueblo que quedó al pie de la montaña se desesperó y decidió hacer las cosas a su manera y olvidarse de Moisés y su Dios. En cuarenta días no sabían nada de él. Por tal motivo, ellos hicieron un festín y construyeron el dios que ellos iban adorar. El dios era un "becerro de oro". Cuando Moisés bajó del monte, destruyó el becerro y sus constructores, y les prohibió a los hijos de Israel hacerse imágenes de Dios. Fuera de cualquier creencia religiosa de prohibir imágenes, esto tiene un significado más profundo, pues el propósito de Moisés no era sólo sacar a Israel de Egipto, sino también que éstos se convirtieran en mujeres y hombres libres y prósperos. **Pero a estos hombres, mujeres y niños les era imposible ser libres a menos que no cambiaran las imágenes de sus mentes.** Los hombres no pueden ser libres a menos que sus pensamientos lo sean, porque los pensamientos siempre van hacer un resultado de las imágenes mentales. ¿Cuál era el problema que Dios veía en las imágenes que los antiguos construían?

Veamos algunas de mis aseveraciones:

Las imágenes siempre van a representar las creencias y el pensamiento de alguien.

❖ En la antigüedad, los dioses egipcios estaban representados en animales, aves y criaturas. Si una persona cree que fue creado por un dios y éste tiene la forma de un águila, un buey, un burro, un halcón, ésta es la imagen que esa persona va a tener de sí misma. Nadie puede ser más grande que las creencias que tiene de su creador y si su creador es un burro, un perro, un árbol, un buey, etc., imagina lo que puede pensar de sí misma.

❖ Un ser consiente no puede ser grande a menos que sus creencias lo sean. Y si las creencias de una mujer están por debajo de lo que ella representa, entonces, esa mujer nunca alcanzará la grandeza.

La mujer que continúa con la imagen de que es una esclava, sin derechos, **pensando que debe siempre estar detrás de su marido,**

creyendo que no tiene nada que aportar a su relación y a la sociedad, terminará siendo tratada de esa manera, pero cuando una mujer sabe quién es, y se proyecta como lo que es, entonces todo cambiará. Porque nadie puede amar a una mujer que no se ama, nadie puede respetar a una mujer que no se respeta y nadie estimará a una mujer que no se estima. Cambiar la imagen que tienes de ti misma es vital para reflejar la grandeza que te pertenece por derecho divino.

Una de las técnicas más importantes para cambiar la creencia que una mujer tiene de sí misma es cerrar los ojos y visualizarte como una mujer bella, simpática, atractiva, y con la figura que en realidad desea tener, en vez de la que tiene. Aceptarte a ti misma es vital. Las mujeres que sienten vergüenza y se acomplejan de su cuerpo, el consejo de muchos expertos es pasearse desnudas por el espejo hasta que se acepten, el hecho de verse en el espejo sin ropas y hacerlo sin ningún tipo de vergüenza, cambiará su manera de verse. Al principio podrían avergonzarse, pero si siguen practicándolo verán la diferencia. La otra técnica que pueden usar es mirarse en el espejo fijamente mientras se dicen cosas agradables, como: "Que hermosa soy, mi esposo me ama, yo soy un imán para el amor, yo soy inteligente, segura y maravillosa, yo soy aceptada y valiosa, me amo a mi misma, tengo todo lo que requiero, etc.". Esto ayudará en el cambio de tu imagen mental, pues muchas mujeres creen que no se merecen nada bueno y se ven sucias por cosas que le sucedieron o hicieron en su pasado, como maltratos, errores de la vida, violaciones, palabras ofensivas, infidelidades, abortos, relaciones prematrimoniales múltiples y más.

La mujer también puede cambiar la imagen negativa de sí misma cuando entiende que no está sola en el mundo y que tiene un Dios que la ama con locura y que nunca la abandonará. David, el segundo rey de Israel, estaba consciente de esto cuando dijo: "Aunque mi padre y mi madre me dejen, con todo, Jehová me recogerá". La imagen que tengas de ti misma es lo que en realidad eres.

La etiqueta define la imagen

Todo cambia cuando transformas la imagen de tu mente. ¿Por qué este tema es tan importante? **Porque al cambiar la imagen que tenemos dentro, cambiará el mundo que tenemos afuera.** El Eterno creó a la mujer y al hombre a su imagen y semejanza, y después de haberlos creado les entregó el señorío sobre todas las cosas. La Biblia dice que Adán les puso nombre a todos los animales según su género y su especie. Esto significa que el hombre les puso nombre a los animales en base a las características que vio de ellos. Al mono le vio sus características y le puso nombre, al perro igual, al cerdo de la misma manera. Todos los animales recibieron su nombre por la imagen que proyectaban. Al hombre, Dios mismo le puso nombre, pero a los animales, Él dejó que Adán se los pusiera.

Este principio se aplica hoy con cada una de nosotras, el nombre con el cual eres etiquetada no dependerá de Dios, sino de ti misma. El hombre que está a tu lado también es tu elección. ¿Qué quiero decir? Que ya el Eterno te puso un nombre, él te distinguió entre toda la creación. Tú fuiste creada antes de toda la demás creación por una sola razón: ser el auxilio en pos de la misma y no lo que sobra en la ecuación. Somos un auxilio, un súper héroe. Más tarde vamos hablar más sobre esto, pero ahora quiero dejar bien claro que la imagen que tienes como mujer es lo que estás proyectando. Adán les puso nombre a todos los animales en el Jardín del Edén, después de ver su imagen.

La actitud de Adán de ponerle nombre a todo según la imagen de éstos, nos enseña tres lecciones importantes:

❖ **La apariencia,** queramos o no, **la apariencia** nos etiqueta, nos da un nombre el cual puede ser agradable o desagradable y este nombre es el que le da la identidad a nuestro carácter. Cuando a una mujer la etiquetan diciéndole palabras como: "tú no sirves para nada, prostituta, bruta, sucia, inútil, débil, Drogadicta, descuidada, bulto, ancla, fea, gorda, egoísta, callejera, animal, inservible, arrastrada, bruta, ignorante, retrasada, mochilera, peleadora, chismosa, mentirosa, inútil, estúpida, o frases como:

"siempre ha sido tu culpa, tú eres la culpable de mis desgracias, maldigo el día en que te conocí o naciste, cuatro ojos, ojos de vaca, nariz de bruja". Estas mujeres desarrollarán un carácter muy alineado a las palabras que se le etiquetan. **Nunca olvides que la etiqueta te pone un nombre y define tu existencia.** Aunque la imagen hace que las personas nos traten como nos vemos, el problema es que este mal va más allá, porque mayormente hacemos nuestro el concepto que los demás tienen o perciben de nosotras.

Nunca olvides que la etiqueta te pone un nombre y define tu existencia.

❖ **La imagen.** La imagen afecta nuestro estado mental, pensamientos, palabras y hábitos. Cuando hemos desarrollado **una imagen de baja autoestima, la comenzamos a reflejar en todo nuestro ser y hacer.** Conocí una mujer muy hermosa, con buena posición social, y muy inteligente, que le soportó todo tipo de maltratos a un hombre que no trabajaba, no la sostenía económicamente, no la respetaba como mujer y sólo la usaba en todos los aspectos de la vida. Cuando se abordaba ese tema con ella, su queja era: "Es que yo no creo que alguien más se case conmigo". La verdad era que ella misma sostenía a sus hijos y sólo ella enfrentaba la vida sin la ayuda de ningún hombre, ella no le sería una carga a ningún hombre que la amara, pero el problema de ella no radicaba en lo externo, sino en lo interno. Había creado una imagen donde ella pensaba que sería imposible vivir sin ese hombre, aunque en la realidad ya vivía sin él. La imagen puede distorsionar la realidad.

❖ **La gente te juzgas por la imagen. Si quieres ser una mujer extraordinaria**, recuerda que debes comenzar a vestir, hablar y actuar como la persona que quieres ser hasta que lo seas. Muchas mujeres desean cambiar, pero posponen los cambios para cuando sean más grandes en su empresa, más ricas, más sabias o hayan alcanzado sus sueños, pero eso es imposible. Todo cambio comienza en el interior de una mujer, cuando una mujer cambia lo interior, este cambio se refleja en lo exterior. **El peligro aquí está en que muchas mujeres, porque no se sienten bien, no se ven bien.** Una mujer que quiere cambiar, cuando no se siente bien, opta por arreglarse bien. Pero muchas prefieren seguir en el mundo de las excusas y del sabotaje al dejarse llevar por las emociones, se dicen: "Cambiaré un día, aunque sí quiero lo puedo hacer ahora". Eso es simplemente un mecanismo del "ego" para no hacerlo nunca. Yo soy de las que creo que "algún día no existe y el hoy sí". Todo cambio debe ir seguido de una acción. Si quieres dejar al amante, sólo deja de llamarlo, si quieres bajar de peso, come más saludable y haz ejercicios, si quieres tener un mejor matrimonio, busca una consejería, ve a un retiro o taller. Es fácil dejarles las cosas a los ángeles o a Dios cuando en realidad son tu responsabilidad.

La imagen es primero y luego la etiqueta

Por esta razón, para cambiar la etiqueta, primero debemos cambiar la imagen que provocó la etiqueta y eso implica no dejarse seguir nombrando como las demás lo han hecho. La mujer tiene un poder sobrenatural, pero la mayoría de ellas no lo saben o no lo ven. La mujer que quiere ser respetada debe trabajar su imagen. No debe conformarse con excusas y decir: "Es que así soy, es que así me dijeron que debía ser, es que los daños y los maltratos que he vivido son irreversibles, es que mi esposo piensa que yo soy de tal o cual manera". Tú no eres lo que los demás piensan de ti, pero también es importante lo que ellos creen de ti como individuo que eres y como parte de una sociedad, ésta es la razón por la cual te animo a que cambies no sólo la imagen interna de ti misma, sino también la imagen externa. La gente sólo puede ver tu exterior y es necesario que cambie tu apariencia y tus hábitos personales. Vístete, péinate, camina y visita los lugares que te ayudarán a que eso sea una realidad. La etiqueta surge de algún tipo de imagen que

proyectamos consciente o inconscientemente. Todo lo que es semejante a nosotras es atraído a nuestro centro de control o estilo de vida.

La apariencia etiqueta

Como mujer la apariencia dice mucho de nosotras. Al ponerte una
etiqueta también se te pone el nombre que trae la misma. Hay mujeres que los hombres les dicen palabras como: **"El cuero, el avión, la
prostituta, la regalada, la cornuda, la santa cachona, la drogadicta,
la abandonada, la miserable, la falsa, la mala madre, la amargada,
la peleadora, la envidiosa, la chismosa, la huérfana, la que no sirve
para nada, la quita hombres, la tóxica".** Esta lista de nombre es tan
abundante que yo me atrevería a preguntarte: ¿Tienes puesta alguna
de estas u otras etiquetas? La respuesta guárdala para ti misma. La
gente siempre te va a etiquetar por lo que ven y perciben de ti.

Mi esposo cuenta una historia de un joven llamado Randy (nombre
cambiado). Éste era un drogadicto, vestía como un delincuente, y les
daba mucho temor a las personas del barrio, de tal manera que no querían relacionarse con él.

Randy comenzó a tener un noviazgo con una amiga, a lo que todo el
mundo decía: "Pobre muchacha, tan buena que es, tanto que hicieron
los padres por ella y mírala con quien estás". La gente no conocía a este
joven a fondo, pero su imagen dejaba mucho que decir. Lo acepte o no
la imagen es muy importante.

¿Por qué la imagen es importante?

❖ La imagen te acerca o te aleja de las demás.

❖ La imagen te hace ver mediocre o exitosa.

❖ La imagen te proyecta como una persona de buena o de mala
   actitud.

Recuerdo que Randy siempre se acercaba a mi esposo (en ese tiempo éramos novios) y le pedía que lo llevara a la iglesia. Me daba mucha lástima, cada vez que lo escuchaba decir: "Wilson, Wilson, llévame a tu iglesia, yo quiero ser cristiano, yo quiero cambiar". En ese tiempo Wilson no tenía la experiencia que tiene hoy en día, y nunca lo tomó en serio. La imagen de este hombre no era la de desear. Su boca decía una cosa, pero su actitud y su apariencia era otra.

La imagen física de una mujer debe estar en completa armonía con lo que es y lo que dice. Si tú dices que eres empresaria y líder, debes vestir como tal, de igual manera en cualquier otro ámbito de la vida, es requerido vivir en conformidad con lo que hablas. Tus acciones y comportamiento deben estar respaldados con una imagen congruente de lo que dices. Infundir temor, vergüenza, lástima y hacerte la víctima no te transformará en una mujer de grandeza, pero cambiar cualquiera de estas apariencias sí. Cuando cambias la imagen que tienes de ti misma en todos estos males de tu interior, cambiará tu proyección exterior y no te conformarás en verte igual.

La imagen afecta los pensamientos

Descartes dijo: "Pienso y luego existo"; los pensamientos son un producto de las imágenes que tenemos dentro de nosotras, pero es tan importante tener una buena imagen propia, porque la existencia misma depende de eso. Si las imágenes afectan tus pensamientos, entonces, la forma de pensar y hablar de una mujer tiene mucho que ver con las imágenes que tiene de sí misma. Nunca tomamos a Randy en serio, pues la imagen de éste no era compatible con lo que él decía. Es muy importante que tu imagen sea compatible con lo que dices. Debe haber una coherencia entre lo interior y lo exterior. Una mujer que es emprendedora, pero tiene pensamientos de culpabilidad, de derrota, de fracaso, si siempre se está quejando de que es fea, gorda o mal formada, nunca avanzará. El éxito requiere de personas que puedan alinear sus pensamientos a la imagen de lo que verdaderamente quieren.

Randy tenía en sus pensamientos la idea de que podía cambiar. Cuando tus pensamientos comienzan a alinearse con el cambio, de ese alineamiento viene el deseo, y del deseo vienen todos los resultados deseados. Tú eres lo que eres por los deseos de tu mente. Los deseos del corazón siempre se cumplen: "Y Dios cumplirá, los deseos de tu corazón".

Mi esposo estudiaba en la universidad, en el internado, y un día cuando venía en el bus a nuestro pueblo vio a este hombre cuyo rostro le era conocido, "pero ¿quién podría ser?", pensaba Wilson. El hombre estaba muy bien vestido, con su corbata y sus ropas muy bien arregladas. Wilson se le acercó y cuando lo vio se quedó sorprendido al ver que era Randy. Éste le dijo algo como: "Te sorprendes de verme; pensaste que yo nunca iba a poder, pero sí pude. Ahora estoy en un instituto estudiando para ser un ministro de Dios". La imagen mental de Randy había cambiado y su cambio representaba un impacto en los demás. Éste no sólo había cambiado en su mente el hecho de no vivir como un drogadicto, sino que también transformó en su manera de vestir, esto le facilitaba el cambio en la sociedad a la que el pertenecía. Wilson ahora se le pudo acercar sin temor, y podía conversar con él sin sentir peligro. Porque hasta hablaba de manera diferente. Es cierto que no debemos juzgar a las personas por su aspecto, pero también debemos entender que las personas nos relacionan con la imagen física que representamos o mostramos.

La imagen que proyectas hace que las personan cambien su actitud hacia ti para bien o para mal. Las personas en este país creen que se pueden vestir, pueden hablar y caminar como quieran porque es un país libre, pero la verdad es que los que quieren conquistar los altos lugares de la sociedad, no viven así. La pregunta es: ¿Deseas estar en la altura o en los lugares más bajos? Si tu respuesta es la altura, entonces debes entender que tu imagen personal tiene un impacto positivo o negativo en la sociedad, en el matrimonio y en los demás. Cuando estás viajando, vas a un restaurante, le predicas de Dios a alguien, tocas una puerta o das una presentación de tu negocio; tu imagen personal puede determinar con cuánta atención las personas te recibirán o cuantas puertas te abrirán.

Hay una frase que dice: "Las personas siempre te tratarán como te perciben". Los primeros treinta segundos son vitales para llamar la atención de alguien al cual le necesitas despertar cierto interés, pero en esos treinta segundos las personas no podrán ver tu corazón, tu gran deseo, tus intenciones o tu amor por lo demás. Lo único que ellos verán será tu imagen personal. Tu actitud, tu sonrisa, vestimenta, aspecto personal, posturas, presentación, palabras. Todo esto, aunque sale de lo interno, se refleja en lo externo. Mientras estábamos en una oficina de venta dándole unos entrenamientos a los vendedores, uno de ellos nos preguntó: ¿Por qué las personas no me quieren dar su número de Seguro Social para tomarle la calificación del crédito, ni tampoco me quieren entregar el pago inicial? La respuesta fue: "Me imagino que tiene que ver con tu imagen, si pudiera ponerte una ropa más representativa de tu oficio, más formal, y quitarte esos aretes que tienes en tus labios, cejas, orejas, quizás las personas tendrían menos temor de ser engañadas, como hombre debes dar otro tipo de imagen, no te voy a decir que usar aretes para un hombre sea algo ilegal, inmoral o religiosamente impropio, pero en nuestra cultura hispana da la apariencia de delincuencia y tu oficio depende mucho de lo que las personas opinan de ti". La verdad es que hasta ese momento él no había pensado que su imagen no era acta para una persona que viviera de la venta, pero en las ventas el éxito depende mucho de que los demás le tomen confianza. Cuando las personas se acostumbran a una mala imagen, se comienzan acomodar a vivir de esa manera.

Cuando digo que la imagen afecta los pensamientos, no sólo me refiero a los individuales; sino también de las personas que te rodean, porque depende de cómo ellos te vean, te huelan, te sientan, percibirán instantáneamente lo mejor o lo peor de ti.

La imagen de la mujer

Ya finalizando este capítulo, me propongo definir la verdadera imagen de una mujer. Esto porque tal como hemos estado diciendo, si tú no te defines, las personas te definirán. Las preguntas introductorias que deberíamos hacernos son: ¿Cuál es la verdadera imagen de la mujer en la sociedad? ¿Cuál es la verdadera imagen de la mujer en el matrimonio? ¿Cuál es la verdadera imagen de la mujer en la política? ¿Cuál es la verdadera imagen de la mujer ante el hombre? ¿Cuál es la verdadera imagen de la mujer ante las modas? Para tener una posición clara sobre esto, debemos buscar la definición del que creó el Universo, pues como todo diseñador o creador, Él diseñó su producto y lo etiquetó como pensó que debía existir para cumplir su propósito.

La definición que la mujer recibió el día de su creación fue: **"Ayuda idónea".** Es una palabra que se escucha mucho cuando se habla de la mujer y del matrimonio, **pero esta palabra es muy mal interpretada, pues ha dado la imagen de que la mujer es una especie de sirvienta que fue creada para el servicio del hombre o para complacerlo** y de cualquier modo en uno y en otro caso viene a ser lo mismo. Esto hace que la imagen de la mujer ante el rol matrimonial y social sea equivocada. **"Ayuda idónea o auxilio opuesto"** es la palabra adecuada para la mujer. En Génesis 2:18 se expresa que cuando Dios creo Adán, dijo: **"No es bueno que el hombre esté sólo, le haré una ayuda idónea para él".** Esta definición de ayuda idónea, lamentablemente se presta para algunas interpretaciones que no son las que encajan realmente en lo que tenía Dios en mente y en lo que el texto original dice. Pues la traducción de *Ezer* es **"auxilio o socorro".** Los rabinos judíos también se preocuparon con la traducción y la interpretación que las mujeres le pudieran dar a esa palabra y entonces pusieron **"ayuda idónea".**

Una **"ayuda idónea"** puede interpretarse como la mujer que cuida, limpia la casa, ayuda a criar los hijos y le ayuda a llevar la carga al hombre. No está mal que se pueda pensar de la mujer de esa manera, porque la mujer puede con todo eso y con mucho más, pero esas cualidades no son la que la definen y no era lo que estaba en la mente de Dios. En realidad, el significado de **"ayuda idónea"** va mucho más allá y en términos más profundos, porque se usan dos palabras en el hebreo para **"ayuda idónea"** y una **es *Ezer* que,** como dijimos anteriormente, **significa "auxilio o socorro".** Entonces podría traducirse el texto sagrado de la siguiente manera: **"No es nada bueno que el hombre esté sólo y le haré un socorro, un auxilio para él".**

Esa expresión se complica un poco más, cuando a la luz de la Biblia, una encuentra que **a la única persona que se le asigna la palabra *Ezer* fue a Dios,** al cual se le **titula como el socorro para el pueblo de Israel, el auxilio en momentos de tribulación y de angustia.** Bajo este contexto podemos entender más la preocupación de los eruditos judíos, ya que el pueblo de Israel veía a Dios como el auxilio y el socorro, por eso el salmista dijo: **"¿De dónde vendrá mi socorro? ¿De dónde vendrá mi auxilio? ¿De dónde vendrá mi *Ezer*?** Mi socorro y mi auxilio vendrá de Dios ¡que hizo los cielos y la tierra".

Por ejemplo, en la Biblia **el nombre Eliezer se divide en dos palabras: la primera es "Eli", que significa "Dios", y *Ezer* que significa "socorro":** "Dios es mi socorro", "Dios es mi auxilio". La otra palabra que tiene relación con ésta es el nombre de **"Ebenezer",** que significa: **"¡Hasta acá, Dios nos ha socorrido!",** "¡Hasta acá, Dios nos ha auxiliado!".

Dios es nuestro socorro y nuestro auxilio. Bien, pues eso era lo que tenía en mente Dios cuando hizo la mujer, Dios pensó: **"Adán no puede estar sólo, haré un socorro para él, entonces, le haré un *Ezer*, un socorro, un auxilio". Y eso es lo que realmente es la mujer en la sociedad y en el matrimonio.** Dios ha dotado a la mujer de un sexto sentido, que se llama intuición, ella tiene la capacidad de captar y ver lo que los hombres en muchas ocasiones no pueden ver. **El hombre a primera vista no percibe muchas cosas y por eso es que Dios usa a la mujer para auxiliarlos.** Cuando la mujer cambia la imagen en el matrimonio y se deja de reflejar a sí misma como socorro, y toma la imagen de la mujer **sufrida, subyugada, esclava, se ve como algo que sobra y que no sirve para nada, la que siempre está detrás del marido, toma la imagen de la mujer fracasada, no puede socorrer a su esposo y a la sociedad.** Si ella cambia las imágenes de derrota por la imagen de un dios que viene en auxilio de su marido, todo va a comenzar a prosperar en la vida de ambos. Más adelante estaré hablando más sobre la imagen y el papel de la mujer en el matrimonio, pero fue necesario poner esta plataforma ahora.

Pondré este ejemplo que leí de alguien. Imagínate a un hombre que está haciendo un negocio a un amigo y le presenta una gran oportunidad, el hombre está emocionado, pero la mujer que está en la cocina preparando un café, ve el peligro y desde allí hace con las manos una señal de negación. El hombre ve a su amigo, y le pide perdón diciéndole que ya regresa, en poco segundos está frente a su esposa y le pregunta: "¿Qué pasa?". A lo que ella responde: "¡No, no, no sé! Ese hombre ¡No va a traerte cosas buenas!". "Pero ¿por qué lo dices?". "¡No sé!, ¡lo percibo en mi ser!". Ella no tiene cómo explicarlo, pero lo siente. **Muchas veces los hombres no captan que Dios ha puesto a la mujer para auxiliarles y socorrerles, entonces, siguen sus propios planes y luego vienen los quebrantos y dolores.** Así que, amado hombre, mira a la mujer que Dios te ha dado, porque ella es tu socorro y auxilio, y es curioso que Dios puso a la mujer al lado del hombre, para hacer el papel que Él hace con sus hijos, el cual es; el de socorrerlo y auxiliarlo.

La segunda palabra es *Kenedok*, **que quiere decir, "opuesto a".** ¿Qué quiero decir con esto? Que cuando el hombre quiere seguir su propio camino e incluso no tomar el camino de Dios, no respetar los votos matrimoniales, no tomar responsabilidad con los compromisos de la vida e incluso cuando va en pos de algo que él considera correcto, pero no lo es; la mujer lo auxilia, la mujer le dice: "No lo hagas", la mujer le dice: "¡Ten cuidado!", "eso no está correcto". Pero cuando el hombre continúa en su camino sin tomar en cuenta a su esposa; que se prepare, porque la mujer se le va a oponer en el camino. Muchos hombres dicen: "Es que mi esposa no me ayuda en lo que hago, ella no me apoya, se me está oponiendo ¡absolutamente en todo!". No es que se está oponiendo, en muchos casos te está salvando.

Dios le ha dado al hombre la capacidad de entender que él puede pensar lógicamente sobre las cosas, pero Dios le ha dado a la mujer la capacidad de entender espiritualmente y emocionalmente las cosas que el hombre no puede captar con los sentidos. De manera que *Kenedoc* significa "opuesto", muchos hombres dicen: "¡Somos tan distintos! ¡Somos tan ´completamente opuestos´!". Muchos dicen que incluso el ser tan opuestos es la razón por la que no están con ninguna mujer, pero si notas, los hombres de esta índole viven una vida miserable y en su mayoría tienen una mentalidad de pobreza o viven en cierta miseria. Se ha demostrado que los hombres, al estar solos, progresan menos y son más infelices.

¡Dios nos hizo así! ¡Opuestos! ¡Completamente diferentes! Dios **puso en la mujer, lo que el hombre ¡no tiene! precisamente para complementarlo, auxiliarlo, socorrerlo y oponerse cuando el hombre no quiere tomar conciencia de proteger y cuidar a su familia.** Muchas veces los hombres quieren seguir por su propio camino y Dios dice: "Yo tengo propósito y camino de bien para ti", y es por eso que es puesta una mujer a su lado, **una *Ezer Kenedoc*.**

De manera que, estimada amiga, visualízate con tu marido, como un regalo de Dios para auxiliarlo y socorrerlo. **Tienes por objetivo que el hombre pueda andar en el camino correcto.** Y tú, mi estimada amiga, dale gracias a Dios, porque Él te ha escogido para ser un instrumento de bien. No se trata de oponerte por tu propio capricho o lo que está en tu mente, sino que estés consciente de esto; siempre hazte esta pregunta: ¿Realmente estoy entendiendo lo que mi esposo desea hacer con la familia, entiendo cuáles son sus anhelos y sueños? **No es la división del hombre y la mujer lo que lo hace grande, sino la unión.** Cuando los esposos están juntos en todos sus objetivos y en sus dimensiones mentales, todo lo que deseen lo tendrán.

Finalmente, los hijos quieren también tener una imagen de sus padres como un equipo, que pueden sujetar los sueños de la familia hasta verlos hecho realidad. Recordemos que todo lo que pase en nuestra sociedad, empresa, iglesia y en nuestro país, comienza primeramente en el hogar, y lo que va a pasar en el hogar comienza primeramente en la unión entre el hombre y la mujer.

La unión del hombre y la mujer tiene mucho que ver con la imagen que ambos tengan de su papel en la sociedad, la escuela y

especialmente en la casa. La educación universitaria no sustituye lo que se enseña en la casa. La imagen de tus hijos puede ser de un esclavo, de un subyugado, de un inservible. Todo va a depender de la imagen que tú como mujer tengas de ti misma, la influencia de una mujer es trascendental y tiene un valor intangible.

❖ En conclusión, todo lo que hacemos, realizamos y el valor que le demos para determinar cuán duradero será, tiene mucho que ver con la imagen de nosotras mismas.

❖ Todo comienza por la mente y luego se manifiesta en los hechos.

❖ La imagen que tengas de ti misma y de lo que recibirás, siempre se manifestará en el futuro.

❖ Siempre que **tú** tengas un pensamiento, lo primero que te llegará es la imagen que le da forma a ese pensamiento. Por ejemplo, cuando pienso en un burro, ¿qué imagen me viene con el pensamiento? ¿Y si pienso en un caballo o en un sapo? Cada palabra, concepto, pensamiento, sentimiento y hecho tienen una imagen que le dio forma y existencia para bien o para mal.

❖ Debido a que la imagen le da forma a todo pensamiento y concepto en la mente del hombre. Ésta es la razón por la que creo que tener una imagen correcta de lo que somos como mujer es la clave para la grandeza.

El poder de la boca

Recuerdo cuando tenía unos 14 años, vino una época difícil a mi casa, mi madre estudiaba, trabajaba y también tuvo una situación muy decepcionante con mi padre. En ese tiempo, mi hogar no fue como siempre había sido, es decir, amable, caluroso, seguro, etc. Todo comenzó cuando nosotros sufrimos una fuerte decepción de la figura paterna (pues nosotros teníamos a nuestro padre como el que nunca fallaría a sus votos matrimoniales y que era el único hombre que nunca engañaría a su esposa). Ocurrió lo contrario, mi padre entró en un romance extramarital y el ambiente en casa se puso muy bélico y tóxico.

En nuestra boca está el poder de la vida y de la muerte, de levantar y de restaurar, de crecer y decrecer. Cuando hablamos del poder de la boca tenemos que entender que esto implica que en la boca hay un órgano que se llama lengua, la cual con ella se articulan las palabras. El apóstol del cristianismo del primer siglo, Santiago, lo expresó de esta manera: "Si alguno se cree religioso, pero no refrena su lengua, engaña a su propio corazón". El ponerle un freno a la boca cuando vamos a pronunciar una palabra que es destructiva es una disciplina vital para nuestro crecimiento.

La lengua es pequeña, pero cuando está desenfrenada es más peligrosa que un caballo sin control. La lengua es pequeña, pero adictiva y cuando la usamos para maldecir, chismear, calumniar, o degradarnos a nosotras mismas es casi imposible recuperarnos. Hay personas que no pueden referirse a alguien más si no es para señalarles sus defectos o decirle lo mal que hacen las cosas. Muchos otros sólo se enfocan en las cosas negativas que ellos creen que esas personas tienen, pero ¿por qué no mirar lo bueno de la gente y por qué no ver nuestras propias imperfecciones en vez de ir por la vida buscando los defectos ajenos? Nadie tiene el derecho de meterse en la vida de otro o juzgarlo.

Cuando hablo de la vida me refiero a los actos y al resultado de lo que creamos con nuestras acciones. Como mujer y madre estoy segura de que podemos crear un mejor país, una mejor ciudad, mejores hijos y un mejor vecindario, con el uso adecuado de la lengua. **El espíritu que gobierna nuestro entorno se manifiesta por las palabras que hablamos.** Es de vital importancia que sepamos del poder que como mujer liberamos cuando abrimos la boca y pronunciamos una palabra. "Las palabras son espíritu y son vida". Si estás ocupan un lugar tan privilegiado en el entorno, quiere decir que la mayoría de los males que hay en la sociedad, no son causados por los maleantes, sino por la falta de educación del uso de las palabras. De alguna manera las madres ignoran que pueden transformar una sociedad tan sólo con cambiar el dicho de su boca y la manera de pensar. **En mi país las personas se quejan de todo y sólo ven lo malo del gobierno, de los gobernantes y la sociedad.** Esto dificulta mucho el cambio. No puede haber cambio en la sociedad si la gente no cambia su manera de ver la vida.

Las palabras son espíritu y son vida.

Las personas se pasan el tiempo maldiciendo al país, en vez de bendecirlo. Maldicen al presidente, al gobernador, a la policía y a todos los que ellos piensan que son los causantes de sus desgracias, pero ellos no son los causantes. **El cambio requiere de una conciencia de que todos somos responsables de nuestro mundo y no algunos.** Cuando hablo de bendecir, estoy hablando de declarar, pronunciar o conversar palabras de fe, palabras que generen una sensación sanadora, alentadora y restauradora, en vez de lo contrario. Cuando maldices a otros sólo estás trayendo los males que has pronunciados sobre ti misma.

Al hablar, creamos una atmósfera a nuestro alrededor y lo peor, aún, es que con lo que decimos mostramos lo que somos. ¿Por qué? Porque Jesús dijo: "¿Cómo pueden hablar lo bueno, siendo malos? Porque de la abundancia del corazón habla la boca".

Las palabras son un catalizador espiritual, cualquiera de nosotras que haya sido educada en un entorno agresivo o desagradable, donde se fomentaba el temor, sabe que las palabras de ese entorno fueron las herramientas que se usaron para inmortalizar un alma temerosa dentro de tu ser. Todo lo contrario, ocurre cuando una persona se desarrolla o crece en un ambiente apacible. Estarás de acuerdo conmigo que fueron las palabras y la manera en cómo fueron dichas éstas, las que cultivaron esa apacibilidad, pues ellas promovieron y protegieron esa paz. **Entender que estamos creando una atmósfera para un mejor futuro con las palabras que pronunciamos diariamente, es vital para la trasformación de la familia y la sociedad.** Entender esto eleva mi responsabilidad y me ayuda a establecer un nivel verbal mucho más culto y ser cuidadoso en el habla.

El ambiente es creado por las palabras

Como ya mencioné anteriormente, en mi casa cambió todo el ambiente cuando mi padre le fue infiel a mi mamá. Mi madre peleaba casi todo el tiempo y nunca estaba conforme con nada. El ambiente se puso tóxico por la actitud que tomó mi madre de pelear todo el tiempo y hacerle reclamos constantes a mi padre. Nadie quiere bañarse en un agua llena de toxina, mucho menos beberla. De la misma manera, ningún ser humano puede vivir feliz en un ambiente similar.

Había momentos en que sentía que no podía soportar la presión y los pleitos, muchas veces quería salir volando de mi casa de la desesperación. Poco tiempo después cuando me comprometí en noviazgo con Wilson y cuando visité su hogar, noté que había un ambiente muy tranquilo, su madre siempre abrazaba a sus hijos, los cargabas como si fueran niños, le daba a Wilson y a sus hermanos mucho cariño. Era una familia cristiana y de verdad se podía sentir la paz de Dios. Yo siempre me iba a la casa de mis suegros para disfrutar de esa paz. Sé que lo hacía porque me motivaba ver a Wilson, pero la verdad era que el ambiente de su casa me atraía. Me sentía segura, confiada, en paz y tranquila.

Mis padres siempre fueron unos buenos padres, pero éste es el ambiente que podemos desarrollar en un momento cuando nuestras acciones traen al matrimonio intranquilidad e insatisfacción, cuando una mujer se deja llevar por los afanes de la vida o las insatisfacciones maritales, y deja que ese desespero se manifieste en su círculo familiar o de trabajo, se desarrolla una atmósfera de tristeza, de pleitos y todo se torna insoportable en el ambiente. Mi padre había fallado, pero mi mamá al no estar consciente del poder de sus palabras estaba alejando el amor y la armonía de su casa con los dichos de su boca.

Cuántas veces como esposa y madre matamos lo poco que queda de amor y armonía con nuestra lengua. Ninguna mujer arreglará su matrimonio o a sus hijos con insultos, maltratos o críticas. Hace poco una amiga me contaba cómo una compañera de trabajo tenía todo el lugar en intranquilidad con su forma de ser. Todos temblaban con la llegada de ella, pues chismeaba, calumniaba, peleaba y buscaba excusas para encontrar un conflicto nuevo cada día. **Es necesario encontrar la paz interior para poder exhalarla por la boca.** Jesús dijo: "De la abundancia del corazón habla la boca".

En cierta ocasión los fariseos, una de las sectas religiosas de los tiempos antiguos, les preguntaron a Jesús por qué sus discípulos no respetaban las tradiciones de los ancianos de Israel al comer con la mano sucia. A este grupo de religiosos Jesús les enseñó un principio que no deberíamos olvidar. Al decirle que las manos y los platos son limpiados con agua, también le dijo que lo que entra por la boca no daña a nadie, ya que va a la letrina, pero lo que sale de la boca, sale del corazón y esto contamina al hombre, porque de allí salen **los adulterios, la fornicación, los hurtos, los malos pensamientos, el egoísmo, el odio, el rencor, el chisme, la avaricia, el temor, los pleitos y la envidia.**

Todos esos males salen del corazón del hombre. Muchas personas cuidan en gran manera lo exterior, algo que como mujer yo aplaudo, pero esto no significa que podemos descuidar lo interior, ya que esto precede a lo exterior. Son muchas las mujeres que destruyen el matrimonio, dañan a los hijos y destruyen todo alrededor por no ponerle control a la lengua.

El sabio Salomón, el cual fue el tercer rey de los judíos, dijo: "Mejor es vivir en un rincón del terrado que con una mujer rencillosa en casa espaciosa". Las mujeres debemos tomar eso en cuenta, ya que, como esposas, madres y empresarias, tenemos una gran responsabilidad en nuestras manos y está demás decir el poder que tiene una mujer al hablar. **El tono de nuestra voz, la suavidad de nuestras palabras, es algo sin precedentes.** No quiero ser feminista ni parecer serlo, pero es visible que las mujeres tenemos el poder de conseguir más cosas a través de la persuasión, que, del reclamo, y si lo dudas pregúntale Adán, el primer hombre que fue puesto por Dios en el jardín del Edén. El relato dice que Eva comió del fruto prohibido y le dio también a su marido.

Cuando Eva le brindó a Adán del fruto prohibido, aun sabiendo él lo que esto significaba para la humanidad, no pudo resistirse al ofrecimiento de su esposa, quien lo miraba con una mirada coqueta, profunda, persuasiva y le hablaba al oído con palabras suaves. Es necesario que las mujeres usemos con sabiduría este arte, que lo usemos para el bien de nosotras, de nuestros hijos y de nuestros matrimonios.

El relato de Génesis dice que Adán tomó del árbol el fruto y comió. Veamos el relato: "La serpiente era la más astuta de todos los animales del campo". **Esta serpiente era astuta pues eligió a Eva para la encomienda; ella sabía que Eva era la única que podía convencer a Adán.** Aunque el relato dice que la "serpiente era la más astuta", no tenía la capacidad de ser tan astuta como la mujer, quien era superior a todas las criaturas. Es muy importante que entendamos este poder, el poder de las palabras para crear lo que queremos y conseguir nuestra dicha y felicidad.

Cambia tu entorno

Muchas mujeres en vez de declarar lo que quieren en su casa, se viven quejando, viven peleando, maldiciendo y declarando todo lo contrario a lo que desean. Esa actitud no te servirá de nada, sólo empeorará la situación. No importa lo que está pasando en tu casa, con tu negocio, con tus hijos o con tu esposo; declara el bien para los tuyos, mantente segura de ti misma, no te dejes vencer por lo que no es y declara lo que deseas que ocurra. Éste es el poder de la bendición.

Muchas mujeres en vez de declarar lo que quieren en su casa, se viven quejando, viven peleando, maldiciendo y declarando todo lo contrario a lo que desean.

Me costó mucho aprender que no era estar en soledad todo el tiempo lo que yo necesitaba para poder ser una mujer calmada y de dominio propio. Por naturaleza me gusta la soledad y los lugares apartados, me gusta estar sola con la familia, con mi esposo y no me gusta ser muy pública. A mí me es fácil despegarme de alguien por más importante que sea, ésta es mi naturaleza. Mi esposo es todo lo contrario, él siempre tiene amigos, amigas, socios, compañeros y un sin fin de personas que le rodean. Él siempre se preocupa por llamarlos, consultarlos y mantenerlos en sus contactos, pero por el ejemplo que he tenido de él, he visto también el precio que esto conlleva, pues las personas te hieren con facilidad, te hablan negativo y la mayoría de los amigos no creen en tu capacidad de crecimiento. **Esto me hizo tomar la posición de creer que viviría mejor no exponiéndome con la gente.** Yo, conociendo mi naturaleza la cual era agresiva (aunque no parecía) me mantenía sola y callada cuando estaba compartiendo con otras personas.

Edificando lo que he construido

Cuando mi esposo se desempeñaba como Pastor principal de algunas iglesias, muchas mujeres me veían a mí también como su guía espiritual y de vida. En diferentes ocasiones me tocó compartir con ellas, éstas se sentaban en una mesa a mí alrededor y comenzaban a hacer su círculo de lamentaciones maritales. Sin que me lo propusiera, en pocos minutos sabía sus vidas completas. Relataban cuántas veces tenían intimidad con sus esposos, si ellos tenían el hábito de ayudarlas, si eran descuidados, si eran románticos o no, si eran infelices con ellos, etc. Cuando terminaban, ellas creían que yo iba a colaborar en sus lamentaciones, contándole mi vida, pero yo sólo decía lo que deseaba decir y no lo que ellas querían escuchar. Para ellas yo era su amiga y su compañera de batalla, pero a mí no me atraía hablar de los problemas que yo tuviera en mi casa, ni de las necesidades sentimentales que pudiera tener con mi esposo. Me enfocaba en las buenas virtudes que veía en él.

En ese tiempo, yo no sabía el poder que tenían las palabras, no sabía que las palabras tenían poder, al contrario, en esa organización religiosa a la que pertenecía se consideraba ese tipo de tema como algo místico a lo cual ellos le daban el nombre de la "Nueva Era". Pero sin saberlo, yo practicaba algo que es vital para poder vivir una vida victoriosa y para que los problemas de tu hogar se minimicen. La fórmula es: si vas a hablar con alguien de ti o de otros, habla lo bueno, lo que te acerque a lo que tu deseas y no lo negativo que hace lo contrario. Desde pequeña me propuse no contarles mis problemas a personas que no pueden hacer nada por mí y que sólo van a añadir más dolor. Las mujeres en su mayoría les gusta hablar de los problemas y defectos de sus maridos, pero la próxima vez que te veas en una situación similar, pregúntate: ¿En qué me ayuda lo que estamos hablando? ¿Cuánto puede ayudar a mi matrimonio ventilar la vida de esa manera? ¿Qué le aporto a mi familia al enfocarme en lo malo que hacen?

Tenía una amiga que decía todos los problemas que tenía con su esposo, y se lo decía a todos los que le habría una brecha. Siempre se expresaba de él de esta manera: "Él no me ama, él no me cuida, él me habla mal, él es un mal hombre, él no tiene intimidad conmigo, yo nunca he tenido un orgasmo, él no, él no, él no...". Si ambos estaban en un retiro familiar, salían enfadados porque ella inmediatamente hacía una pregunta sexual al conferencista invitado, que dejaba ver bien claro todos los defectos que tenía su marido en la cama. El hombre terminaba defendiéndose y acababan peleándose delante toda la audiencia.

Nunca todo está totalmente en orden a menos que estés muerta, sólo los muertos son perfectos y no tienen problemas. Éste es el otro extremo de la verdad, es como la otra cara de la moneda. Si bien es cierto que no debemos quejarnos todo el tiempo, tampoco debemos sentirnos condenadas o frustradas cuando algo no está saliendo bien, cuando nos quejamos en las situaciones difíciles. Cuando no puedes mantener tus votos matrimoniales, debes evitar idealizar a alguien que no sea a tu marido y debes evitar el remordimiento que trae consigo la falla.

El remordimiento es una forma prehistórica de comportamiento, es un método de manipulación mental. Y aunque lo usan los padres con sus hijos, las religiones con sus feligreses, los líderes con sus seguidores, no es efectivo, pues este método reemplaza a la creatividad. Las palabras afirmativas son el método que debemos de usar para convertirnos en la madre, en la líder y la esposa que queremos ser, y para formar el ambiente que deseamos crear. **Las culpas, las represiones, los reproches, las críticas y las mentiras, son el método manipulativo de la autodestrucción.** Nunca construirás nada autocriticándote o criticando a alguien, no avanzarás usando tus palabras para remover una situación del pasado que ya no puedes mejorar. Si no puedes mejorar algo, déjalo como está, si no puedes cambiar algo, aléjate, si no te gusta algo, vete, déjalo o no lo tomes, pero no te sigas quejando, porque con cada queja, autocrítica o remordimiento, sólo estás destruyendo tu mundo.

El remordimiento es una forma prehistórica de comportamiento, es un método de manipulación mental.

Es tiempo de levantarte y crear el mundo que deseas, es tiempo de convertirte en la princesa que fuiste creada. Tú tienes "El Yo Soy" en tu vida, en tu mundo y en tus posibilidades. Las palabras nos convierten en uno con el Eterno, Él creó todo con sus palabras y lo restaura todo con el mismo poder y tú fuiste hecha a su imagen y semejanza. La historia de la creación dice: "Creó Dios al hombre a su imagen, a imagen de Dios lo creó, varón y hembra los creó". Eres la imagen de Dios, eres un dios, y mientras más rápido lo aceptes, más rápido crearás tu propio mundo, porque no lo harás sola, sino con su ayuda. Mi amiga perdió el matrimonio, mientras que yo conservo con mucho éxito el mío, esto no lo digo para echar tierra sobre el árbol caído, sino para que veamos la diferencia entre aquel que usa su boca para bien y el que la usa para mal.

No siempre será como nos gusta

Mi abuelo de parte de mi padre tenía un apellido muy renombrado en mi ciudad. Esto hacía que muchas personas nos trataran con cierta distinción cuando llegábamos a cierto lugar y se conocía nuestro apellido. Pero otro lado, éramos marginados por la familia y menospreciados por mi abuela, porque no estábamos a la altura de los demás familiares en cuestión de recursos. A mi abuela sólo le causábamos molestias. Yo trataba de molestar lo menos posible, nunca me fue grata la idea de pasar alguna vergüenza por mostrar alguna necesidad, siempre me cuidaba de que dijeran que yo visitaba a mis abuelos por interés. Ya les dije que a mí me gustaba la quietud, la paz externa, la soledad y evitar no tener encontronazo con las personas para no dejar salir el monstruo que había en mi interior. En muchas ocasiones hay mujeres que se muestran retraídas, apartadas o violentas por miedo al rechazo, al dolor y al sufrimiento.

Una vez mi abuela me hizo pasar una vergüenza con una chancleta (sandalia) que tomé prestada de una de mis primas. Ella me acusó con mis padres de que la tomé sin permiso. Mis padres, que siempre nos criaron con mucha rectitud, me dijeron que tenía que ir a casa de mi abuela y aclarar el asunto. Me presenté en su casa para devolverla, pero cuando llegué, le entregué las sandalias y le pedí perdón junto con una explicación de que yo había hablado con mi prima y ella me la había prestado. Mi abuela en vez de aceptar la disculpa, sacó de su boca todo lo que en el corazón tenía, porque "de la abundancia del corazón habla la boca". Entonces, comenzó a vociferar todas las palabras ofensivas que le podían surgir y finalmente, ofuscada por la mezquindad que le caracterizaba, me dijo que yo era una ladrona. Cuando escuché esa palabra dicha por la boca de mi propia abuela, yo perdí el control, mi cuerpo se llenó de un fuego que no podía soportar, y créanme que no era el fuego de Dios, pues corrí hacia mi abuela para agarrarla por los cabellos y barrer el piso con ella (esto hoy en día no lo haría y hoy sé que lo que hice no tiene honra alguna, pues aprendí más tarde a perdonarla y amarla como ella era). Mi abuela no sé lo que vio, imagino que no fue bueno porque salió corriendo rumbo a una habitación para encerrarse y escapar por su vida, mientras yo corría detrás de ella y extendía las manos tratando de alcanzar sus cabellos, pero no pude y ella se encerró en una habitación.

Seguí queriendo alcanzarla, esta vez tratando de tumbar la puerta como un animal rabioso. Un vigilante que cuidaba la casa de mis abuelos trató de sujetarme, pero no pudo, mis primas trataron de sujetarme, pero tampoco pudieron, y todas corrieron asustadas.

Mi hermana y unas primas, que son como mis hermanas, se quedaron en el campo de batalla tratando de tranquilizarme. Mi fuerza aumentó a la de diez mujeres. Mi subconsciente parecía que ya estaba cargado de llevar tanta vergüenza y los menosprecios que a menudo sufríamos de la abuela; y de repente todo explotó, venciendo mi razonamiento. Mi mente se nubló, mis manos se encorvaron, mis huesos se pusieron tensos y lo que les cuento, es lo que me contaron a mí, porque yo no me acuerdo de mucho, a pesar de que ya era una joven de unos 15 años. **Hoy he podido aprender que, si esa fuerza que llevamos dentro la enfocamos en vencer los obstáculos externos, podríamos tener la victoria sin importar cómo se llamen esos obstáculos.** Yo sólo podía vociferar amenazas contra mi abuela, ella se moría del miedo, todos estaban tan asombrados que algunos estaban paralizados, yo era tranquila y muy centrada, segura de mí misma y nunca perdía el control, por lo menos hasta ese día.

Yo era tan inocente que cuando mi mamá me iba a castigar por algún motivo, me enviaba a cortar mi propia vara y yo iba fielmente a buscarla y hasta le quitaba las hojas para que mi mamá no tuviera el trabajo de hacerlo (los padres de mi época, siempre que le pegaban a un muchacho, lo hacían con una vara de un árbol sin hojas porque así dolía más). Era por esa razón que todos se asombraron de que me haya enojado tanto con mi abuela. **Muchas mujeres que están en situaciones desventajosas pasan por momento de mucho dolor, sufrimiento, maltratos, soledad y abuso.** Algunas mujeres se atreven a decir "basta ya", hasta aquí con el abuso, pero otras lo sufren sin decir nada. Pero debido a esa experiencia y a las diferentes situaciones de mujeres que viven abusadas, yo me atrevería a decir que para que una mujer anhele cambiar, ésta debe sentirte cansada de la situación de abuso que le rodea. **Debe haber una situación donde la fuerza interior de cambiar sea más poderosa que el temor exterior al fracaso y al rechazo.** Cuando una mujer se cansa de los resultados que tiene, de las dificultades que enfrenta, de los abusos repetidos, de los maltratos en el matrimonio, cuando se cansa de las mismas situaciones de siempre, las mismas palabras, las misma quejas, el mismo vecindario y las mismas personas, hará un cambio, ya sea por reacción, por conciencia, por temor o por ira. Lo bueno de este tipo de cambio es que contará con el poder interior del inconsciente que se cansó de lo mismo y grita por cambiar. Cuando en el futuro, tú no quieras desistir y seguir avanzando, este poder te gritará: "No quiero vivir más con temor, más avergonzada, ni sentir que necesito vivir en la casa de los maltratos para avanzar".

Desde ese día, yo no volví a la casa de mi abuela, no la molesté, no la vi hasta mucho tiempo cuando ya estaba en los Estados Unidos casada y con una mejor posición económica y emocional. Porque un día me cansé de ser avergonzada y tomé una decisión de vivir sin ella en mi vida. Cuando mi abuela vino a New York, mi esposo me animó a verla para dejar atrás todo aquello. Entonces, la vi y compartimos un tiempo de mucho gozo. Cuando ella estaba postrada y enferma, la llamé y le pedí perdón. Le dije lo mucho que la amaba, pero este hecho en la vida me hizo romper el vínculo de la dependencia que tenía con mis abuelos paternos, porque todos en la familia creíamos que dependíamos de ellos para todo lo que necesitábamos. Claro, yo no menciono este hecho para decir que estoy orgullosa de haberle hablado así a mi abuela, de no haber vuelto a su casa, de no molestarla más, esto es algo que con el conocimiento que tengo hoy, lo haría diferente. **Pero sí es verdad que muchas veces tenemos que dejar gente que amamos atrás para poder crecer y llegar a ser independientes en la vida.** Por otro lado, no siempre como mujer las cosas te van a salir como tú quieres que salgan. Hay cosas que se salen del control, pero tú puedes mantener el control en medio de esas cosas. El verdadero control no está fuera de ti, sino en ti.

A continuación, te daré tres secretos para mantener el control de tu boca y tus acciones en momento cuando todo se sale de tus manos:

❖ **Si algo te molesta en la vida, confróntalo inmediatamente y déjalo en el pasado.** No hables constantemente de ello. Cuando una persona repite continuamente algo, lo comienza a revivir en su subconsciente dándole permiso al consiente para ejecutarlo. Si alguna vez tienes que mencionar algo negativo, que sea para buscar ayuda o para contarle tu testimonio a alguien más con el fin de ayudarle.

❖ **Las mujeres que creen que siempre necesitan de alguien para alcanzar lo que desean, tendrán muchas desilusiones, pues la** vida es sólo lo que tú decides y el mundo se convierte en lo que tú crees de él. Si dependes de alguien más para ser feliz o para avanzar, estarás constantemente frustrada y decepcionada de que no se cumplan tus expectativas.

❖ **Hay poder en tu interior para salir de cualquier situación, para vencer cualquier temor y para enfrentar cualquier limitación; no importando lo difícil que éstas parezcan.** De la misma manera que en ese día me enfrenté sin temor a algo que consideraba injusto, como mujeres visionarias podemos enfocar esa fuerza hacia el bien y enfrentarnos a las vicisitudes de la vida. Si lo hacemos, de seguro tendremos éxito y seremos libres. Quejarte de los maltratos de la vida y de tu esposo, no cambiará nada. Es necesario que uses la fuerza interna que Dios te dio y la vuelques a tu favor y crecimiento.

El subconsciente tiene una fuerza incontrolable, es indomable; más la mente consiente posee la fuerza de la voluntad. Es necesario decirle a una persona abusiva: "Usted me respeta o de esa forma no vivirá conmigo bajo el mismo techo". La mujer virtuosa desarrolla esta fuerza para utilizar sus palabras de manera positiva cuando sólo tiene deseos de vociferar palabras obscenas y destructivas. Habla como quieres que te hablen y trata a los demás como deseas que lo hagan contigo. **Usa la fuerza de la voluntad para vencer los temores y los monstruos que tantas mujeres se crean en su cabeza.** Muchas creen que es mejor pasarse la vida quejándose, que enfrentar la realidad de sus problemas. Éstos pueden llamarse maltrato, falta de respeto, engaños, violaciones, carencias, insultos, etc. Como mujer, debemos ser conscientes de ellos para enfrentarlos y vivir una vida mejor.

Enfrenta tu mundo exterior con el poder de tu interior y verás cómo tus monstruos externos e internos desaparecen. Cada vez que te enfrentas a algo o a alguien, tu poder aumentará; y cuando hablo de enfrentar no me refiero a vivir en un constante pleito, sino en un constante desafío.

De las dos historias, una saldrá de tu boca: ¿Qué cuenta tu boca?

Me acuerdo cuando era adolecente, mi escuela secundaria quedaba al frente de mis abuelos, ya le mencioné que mis abuelos eran muy influyentes en el pueblo de Cotuí, sólo con yo mencionar mi apellido, todas las puertas se me abrían. Mi abuelo era un terrateniente del lugar donde yo nací: en los Ranchos de Cotuí; en un tiempo cuando las personas se conformaban con muy poco, mi familia los "Vásquez y Agramontés" tenían de todo. Mi abuelo sostenía todo un pueblo, pues más del 90% de la población trabajaba con él o le debía algún favor económico o político. Esto nos daba satisfacción y hasta un poco de orgullo, mis padres siempre nos compraban todo lo que necesitábamos y nunca sentíamos lo que era la carencia de algo, pero todo cambió cuando vino un dictador al gobierno el Dr. Joaquín Balaguer, aunque este hombre ganó la presidencia por voto y bajo una aparente democracia, lo hizo bajo el terror y la devaluación de los derechos y la vida humana. Éste desalojó todo el pueblo para hacer una presa que almacenara agua y produjera energía, aunque el plan era bueno; le pagó muy poco a los dueños de la tierra y a algunos se les pagó nada.

Las personas tuvieron que emigrar de la región y como familia tuvimos que enfrentar la realidad, de que nuestro mundo ya no era el mismo y que la vida ya no nos sonreía igual. Mi abuelo, aunque no le pagaron todo lo que merecía, quedó con suficiente dinero porque tenía mucho, y con éste ayudó a todas sus hijas a venir a los Estados Unidos, pero a los varones lo condenó a las pocas posibilidades de un mundo que ellos no conocían y a la pobreza, pero aun así nos quedaba algo, el renombre de mi abuelo, el apellido todavía pesaba en la ciudad, la gente nos abría paso con sólo mencionar ese nombre y toda la familia tenía un lema: "Primeros muertos que humillados". **El espíritu de grandeza te ayudará en tu crecimiento, pero tienes que tener cuidado de que éste no sea quien te destruya.**

Cuando sobrevaluas tu posición, cuando no eres consciente del terreno que estás pisando, puedes crear arenas movedizas en el orgullo, el temor y quedarte en el resentimiento del soñador fracasado. Sin duda, estos sentimientos te conducirán a vivir una vida muy miserable. Mis tíos terminaron en una ruina total, algunos murieron a edades muy tempranas, por el alcohol y los vicios, los cuales fueron el futuro de la descendencia de los hombres. Casi todos llegamos a los Estados Unidos para superarnos, pero la mayoría estaban tan heridos que no pudieron escapar de ese sentimiento de opresión y deseo de demostrar algo más. Terminaron presos, deportados, adictos, con enfermedades prematuras o siendo víctimas del suicidio. Todo fue producto de un apellido en debacle, pero también de un jefe de la familia que nunca se sentó a decirle a su descendencia: "Esto es lo que estamos viviendo, ésta es nuestra situación y éste es el camino". Todo lo contrario, siempre mi abuelo dio la apariencia de tener mucho dinero y de que no estaba dispuesto ayudar a los hijos que no le caían bien, y con todo respeto a mi amado abuelo, los que no le caían bien eran sus hijos varones. Sus palabras hacia sus hijos eran despectivas, incluso nos brindaba a los nietos cierta seguridad y amor, pero siempre que nos daba dinero, cariño, o protección sobre un problema lo hacía sobre la base de decirnos: "Ese cabezón del papá tuyo no sirve para nada, ese 'bolsudo' sólo sirve para hacer muchachos ('bolsudo' refiriéndose al miembro viril), para ustedes como nietos lo que quieran, pero para estos viciosos sin vergüenza, nada" (como nieta siempre amé a mi abuelo por apoyarnos, mi análisis hoy tiene que ver con lo que sé sobre las palabras y no con lo que en ese tiempo sentía de él). Mi abuelo era bueno como ser humano. Pero si había un problema de pareja entre la familia, siempre protegía a la nuera y no a sus hijos, les arremetía con las mismas palabras ya mencionadas.

El espíritu de grandeza te ayudará en tu crecimiento, pero tienes que tener cuidado de que éste no sea quien te destruya.

Al pasar los años, la maldición pasó a los nietos, pues éstos comenzaron a crecer llenos de resentimientos hacia todo, con deseo de que la vida le devolviera lo que le había quitado. Las hijas que eran sus protegidas terminaron divorciándose una tras otra, y la familia iba de mal en peor. Los muchachos varones comenzaron a conseguir dinero como fuera posible, algunas de las nietas buscaron casarse con hombre que tuvieran futuros económicos, y la muerte y las desgracias comenzaron a visitar a la familia. Para nosotras, la apariencia estaba por sobre todas las cosas. Mi esposo dice que cuando él me conoció, le molestaba mucho como yo me daba en el pecho tres veces, mientras repetía: "Esta tela no es barata, yo soy una Agramente, nosotras no dependemos del hombre, y cuando se portan mal, los castigamos, mis tías le rompen botellas en la cabeza a los esposos". Hoy en día no sabemos si lo que decíamos de mis tías era verdad o eran simplemente historias que ellas se inventaron para fanfarronearles a sus sobrinas y para que pensáramos que ellas eran súper mujeres que representaban bien el apellido de los "Vásquez Agramente". Pero todas repetíamos la historia de mis tías y en muchas de las sobrinas se siguió el mismo linaje de divorcios.

Yo le doy gracias a Dios que conocí a mi esposo a los 15 años, de lo contrario es probable que también me hubiera divorciado. Mi amor por él y las creencias que me infundió, me apartaron de esa mentalidad hasta que pude madurar y conocer el amor total de mi Dios. Mis tías también maduraron con el tiempo, pero creo que muchas de ellas no tuvieron la suerte de una orientación correcta y a tiempo (por supuesto, nuestros padres daban de lo que a ellos le dieron). En fin, lo que quiero enseñar es que hoy en día yo tengo un mundo distinto al que me esperaba, un buen matrimonio, una buena familia y una vida tranquila, porque un día decidí creer que ser diferente era posible.

Tomé una buena identidad y no dejé que el ambiente influenciara en mi destino, hoy en día la mayoría de mi familia que tiene algún fracaso, que de alguna manera está pasando una mala situación, en muchas ocasiones le echa la culpa a mi abuelo o menciona a mi padre o a unos de mis tíos o tía, **pero la verdad es que ni mi abuelo, ni mi padre, ni mis tíos, tuvieron culpa de nada.** Cada uno de nosotros somos responsable por lo que expresamos y creemos, si bien es cierto que no es fácil conocer lo desconocido, tampoco es justo echarle la culpa a alguien más de nuestros males. Hoy en día sólo tengo lindos recuerdos de mi abuelo, porque él nos dio lo que creyó que debía darnos, nuestros padres hicieron lo mismo y ahora nos toca a nosotros tomar decisiones y hacer lo correcto. No repetir los mismos errores y no seguir excusándonos en el pasado es parte del cambio para tener una mejor vida.

Es fácil usar nuestra boca para autodegradarnos o destruirnos, pero cada historia que creamos y cada situación que enfrentamos tienen la facultad de tomar una decisión hacia el bien o el mal, al crecimiento y no, al progreso, a la felicidad y a la infelicidad. Mis tíos fueron alcohólicos en un grado mayor o menor, de alguna manera el alcohol se convirtió en un refugio para ellos. Muchos de mis primos han tomado el mismo camino, pero una cosa sé muy bien, que mi abuelo no fue el culpable y que hoy podemos recordar de él dos historias: una de un viejo egoísta, caprichoso, avaricioso, poco expresivo, en fin como tú lo quieras llamarlo. La otra historia es la de un hombre que creyó tanto en él, que edificó un imperio económico en un mundo de limitaciones, que vivió sin carencia hasta el día de su muerte, que se quitaba la comida de la boca para dársela a la gente.

También tengo que ver positivo que de alguna manera el abuelo pensó en nosotras, nos protegió, evitó que las nietas anduvieran en vergüenza. Como a vaso frágil cuidaba de que ninguna de sus hijas y sobrinas cayera en el error de vender su cuerpo para conseguir dinero, o pasara vergüenza por no suplir alguna necesidad de ropa, zapatos, uniforme para la escuela o dinero para algún paseo o diversión. Él nos llenó de orgullo, al darnos su apellido, pero como todo no fue perfecto. Mi abuelo en una sola vida tuvo dos lados de la historia. Ésta son dos historias, cual recordemos de él no va a depender de mi abuelo, sino de nosotros los que llevamos su apellido. La vida en toda su esfera es igual, tiene dos historias, dos caras, cual lado de la moneda te gusta ver dependerá de tus creencias. Cual historia decide que contará y repetirá a tus generaciones, dependerá de tu actitud y tu deseo en este mundo de hacer la diferencia.

Las palabras se manifestarán en tu futuro

El poder que tiene una palabra va a depender de la conciencia de quien eres, esta conciencia revela el poder que tienen tus palabras sobre tu mundo. **Una sola palabra de tu boca no vendrá sin poder. Toda palabra viene de la conciencia, de las creencias, de los pensamientos, de la visión, y la percepción sobre el mundo que te rodea.** Lo exterior no debe afectar tu interior, los eventos no deben dañar tu visión. Puedes cambiar las creencias que te limitan, porque sólo éstas pueden dañarte o salvarte, son tus creencias las que revelan lo que piensas, y éstas se revelan por lo que hablas. Juan, un discípulo de Jesús, explicó el poder de la palabra haciendo una relación entre el poder de ésta y el poder y Dios mismo. Él dijo: "El verbo se hizo carne". **Las palabras siempre toman forma, éste es un privilegio y un poder dado al hombre. La manifestación del hombre visible tiene mucho que ver con la palabra invisible.** El hombre interior se revela por las palabras que salen de su boca. Un ejemplo de lo que quiero decir es que, aunque una mujer sea muy letrada y universitaria, las personas van a conocer su sabiduría por lo que habla. La gente siempre tendrá una idea de quienes somos por lo que sale de nuestras bocas.

El hombre interior se revela por las palabras que salen de su boca.

Es importante educar nuestra mente para formar un hábito del buen pensar, pero es más importante educar lo que hablamos. Explico esto para no tener controversia y para no permitir que mis lectores crean que estoy diciendo que debemos hablar hipocresía, tampoco quiero que piensen que no creo en el poder y la influencia de los pensamientos sobre nuestra vida. Todo comienza en tus pensamientos, pero el hombre sólo revela su existencia y la esencia de los mismos a través de las palabras. Todo lo que sale de la boca se hace carne y se manifiesta en el mundo exterior, se convierte en materia. Estar consciente de esto cambiará tu vida. Mi esposo me hizo pensar en cuán importante era para mí no darme con los puños por el pecho a la vez que decía: "Yo soy una Agramente, yo no le aguanto nada a los hombres". En el principio sólo pensé que me corregía porque quería controlarme para su propio bien, pero hoy sé que lo que estaba haciendo era ayudándome a salir de un círculo vicioso. Hoy soy una mujer orgullosa de mi infancia, de mis abuelos, mi familia y mi vida, pero con la conciencia de que nunca repetiré o me enorgulleceré de lo que no es edificante y de lo que me destruye. Las palabras se hacen carne, las palabras invisibles se manifiestan en el mundo visible.

Las palabras se hacen carne. Éstas se pueden ver en la construcción de cada escuela, carretera, libro, edificio, ciencia, congregación, organización, disco, éxito, fortuna, salud, amor, perdón, amigo, buen matrimonio. Éste es el concepto que el apóstol Juan quiere explicar de cómo fue la manifestación del Dios que se hizo Hombre. "El verbo se hizo carne" se está refiriendo al poder de la boca de Dios que se movió sobre las aguas para crear todo, este poder que fue expresado con la finalidad de organizar todas las cosas se manifestó en carne perfecta, como la manifestación de un Dios invisible. La bondad, el amor y la grandeza de Dios se manifestarán sólo en la mujer que la exprese, cuando una mujer lo declara con su boca se hará visible en el mundo que hoy conocemos. Quizás tarde miles de años en manifestarse en el mundo visible, al igual que sucedió con Jesús que se reveló miles de años después de la creación, pero siempre se manifestará. Esta premisa me deja entender tres cosas:

❖ **Toda mujer es responsable de su mundo interior y de todo lo que en este pasa.**

❖ **Si como mujer de fe tomas confianza en el hecho de que tu mundo va de mal a mejor, si lo declaras,** si comienzas a bendecir, en vez de maldecir, el bien se manifestará en las familias, matrimonios, gobiernos, trabajos, negocios y empresas.

❖ Si quieres cambiar tu mundo no lo harás echándole la culpa a otro, lo harás sólo tomando responsabilidad de lo que quieres y declarándolo sabiendo que sucederá.

Las palabras y la formación del carácter

Ya sabemos que en la boca está el poder de la vida, la muerte, la enfermedad, la salud y la pobreza o la riqueza. Por años este tema ha sido debatido entre los expertos, y aunque hasta ahora se considera sólo una posición o una creencia y no un descubrimiento científico en sí, cada día esta posición toma más fuerza en el mundo en el cual vivimos. Yo por ejemplo creo completamente en el poder de las palabras y como creyente sé que fue a través de "la palabra" como todo vino a la existencia. "Dios habló y fue hecho, él dijo y existió". Si las palabras tuvieron el poder de crear un universo tan extenso, ¿qué no seríamos capaz de crear a través de ellas?

Podemos penetrar a la materia sin forma y darle forma a través del pensamiento, dicho de otra manera, externalizar en la palabra el pensamiento. Si seguimos este principio podríamos concluir que podemos formar el carácter de nuestros hijos a través de las mismas. Todo lo que queremos formar o crear debe seguir este orden: un pensamiento, una palabra, una acción, un hábito, un carácter. Declara una palabra sobre algo que está muerto o inexistente, y lo verás en la existencia tomar vida.

La vida de un hombre o una mujer comienza en el vientre de su madre con la concesión de un ser, es allí donde se le da la existencia al ser a través de la unión de un óvulo y un espermatozoide. Pero es allí también donde comienza la formación de una persona en todos los ámbitos. Hablarle al niño en el vientre es algo que funciona. Esto se discutió por muchos años y se consideraba sólo una cierta creencia, pero hoy en día es una realidad probada. Desde el vientre, un niño es marcado a través de las palabras que escucha de su madre y, por supuesto, también de su padre. Pero cuando un niño deja la seguridad del vientre, está más propenso a ser marcado por las palabras, ya que la influencia del mundo exterior es muy poderosa en él, es por eso que una declaración de bendición de su madre sobre su vida es de vital importancia. Vinimos a este mundo como alma dúctil, somos formados y moldeados por personas en nuestro pequeño mundo.

Declara una palabra sobre algo que está muerto o inexistente, y lo verás en la existencia tomar vida.

De seguro que ahora te estarás preguntando por qué estoy hablando de los hijos si este libro es sobre la mujer. La respuesta es obvia, porque es en el hogar donde Dios comienza a trabajar con nosotras. He aprendido esta verdad por mí misma y espero que tú no tengas que aprenderla por tu propia experiencia. La verdad es que es más fácil construir un niño que cambiar un adulto. Hay un refrán muy conocido entre nuestra gente: "El árbol que crece torcido, no se endereza". De hecho, en el relato del éxodo, cuando los israelitas salieron de Egipto, dice que Dios al ver que el pueblo no cambiaba su mentalidad de esclavitud, le decretó que morirían en el desierto todos los que pasaban de 20 años y que sólo los de menor edad entrarían a la tierra que fluía leche y miel. Aunque yo entiendo el poder de la transformación y he visto tantas personas cambiar su vida, también he visto los estragos sociales y la descomposición de generaciones sólo por individuos que crecieron, de alguna manera, totalmente torcidos en algunas áreas de sus vidas.

La verdad es que es más fácil construir un niño que cambiar un adulto.

Hace poco mirando las noticias, que, por supuesto, podríamos llamarle "las malas noticias", me enteré de un padre en New York que mató a su esposa y a sus dos hijas, y luego huyó tratando de pasar la frontera, pero fue apresado en Texas. Ante ese fenómeno tú te preguntarás: "¿Qué pasaba por la cabeza de este pobre hombre?". Quién sabe, pero lo que casi nadie se detiene a considerar es que detrás de ese hombre hay otra historia de maltratos físicos y verbales que en la mayoría de los casos se han repetidos por generaciones en sus antepasados.

Las palabras de una madre

Hoy en día yo pudiera estar escribiendo este libro para matrimonios, padres, líderes, pero he decidido escribirlo para la mujer. Aunque sé que todos podrán sacar lo mejor de él, es la mujer que en esta sociedad disfuncional lucha por ver crecer su familia y educar a sus hijos. Hoy vivimos en un mundo donde la mujer está en muchos casos ocupando un doble rol en la familia, el de padre y el de madre. Ella tiene que luchar cada día no sólo para mantener la familia, sino también para educar a los hijos. El problema es que los hijos están creciendo sin la presencia del padre en el hogar y luego la sociedad le sacará cuenta por tal error.

Cuando estaba por comenzar este libro, mi esposo, que es un escritor muy exitoso, me sugirió que lo hiciera en neutro, es decir, que no sólo fuera para mujeres, pensando que dicho material podría ser de bendición a más personas. Pero a pesar de esta sugerencia, mi respuesta fue la misma, mi deseo siempre fue que este libro llegue a muchas personas, es verdad, pero aún más deseo que pueda servir a este sector de la sociedad tan olvidado y tan maltratado a través de la historia. Hablo del sector femenino. A ese ser que, aunque tiene tanta luz, no siempre puede alumbrar de la manera correcta debido a la gran oscuridad de injusticia, abuso, violencia y maltrato que en muchas ocasiones es sometido y en muchos casos desde la niñez. Éste es un plan del enemigo de la humanidad, pues él viene "a matar, a hurtar y a destruir". A muchas mujeres se le ha robado hasta su propia dignidad por tanto maltrato que comenzaron desde pequeñas, y ahora todo es un círculo vicioso, pues lo que ella recibió es lo que les da a sus hijos. Este dolor en la mayoría de los casos se arraigó en su interior, expresado en insultos, ofensas, palabras de desprecios y poca aprobación de sus padres.

El poder de una madre

La madre con sus palabras estimula a sus pequeños desde los primeros momentos de sus vidas, desde que éstos están en el vientre. Cuando aprenden las primeras cosas, como la de dar una vuelta en el vientre, una patadita, luego cuando nacen y dan sus primeros pasos, pronuncian sus primeras palabras y aprenden las primeras letras del alfabeto. Todo esto está bajo el cuidado y la enseñanza de la madre; pero la mayor educación se presenta cuando ella le hace saber a su niño cuánto lo ama por el simple hecho de ser su hijo o hija. Ser madre es una gran responsabilidad, y también un gran privilegio que Dios nos ofrece.

Tenemos la ventaja de formar y moldear una vida para ser útil a la sociedad y para la eternidad, aunque el hijo sólo está con su madre por un tiempo corto y fugaz, la educación correcta se puede lograr a través de las palabras que pronunciamos.

Recuerdo que cuando di a luz a mi primer hijo, Wesser, y lo tuve en mis brazos por primera vez, ese acto me inundó el corazón de sueños y esperanzas. Vi sus ojos resplandecer como una flor cuando se abre por primera vez frente al sol. Ese día me prometí a mí misma nunca dañar ese montoncito de alegría. Si ustedes no conocen a mis hijos, quiero adelantarles que con Wesser es fácil mantener esa promesa, pues tiene una naturaleza calmada, apacible y respetuosa, pero no siempre pasa lo mismo con todos nuestros hijos. El reto de ser madre y educadora de nuestros hijos es que cuando el comportamiento de éstos no es compatible con lo que nosotras esperamos, nos irritamos y en muchas ocasiones los herimos con actos, palabras y muchas veces hasta con golpes físicos. La alegría y el aliento hacia nuestros niños se pueden perder, no porque no los amamos, o porque no sentimos el mismo amor por ellos que el día que los doctores lo pusieron en nuestros brazos, sino porque nos dejamos llevar por el momento y por las emociones negativa de la presión diaria. Necesitamos cada día renovar nuestra motivación, y nuestro compromiso como madres, para poder avanzar con nuestros hijos el largo camino hacia la adultez.

Ya sea que tengas hijos propios o tengas el honor de educar o cuidar los hijos de otras personas, tienes la oportunidad de formarles el corazón para bien o para mal. Éste es el poder que tenemos las madres, es el mismo poder del Creador, pues en nuestras manos está la humanidad y es que desde antes que una persona tiene conciencia, ya está bajo la formación de su madre. A mi niño Wesser yo le hablaba en el vientre, le decía todo lo que quería que él aprendiera o hiciera. Parecía algo totalmente de locos, pero cuando quería que se durmiera o dejara de moverse en mi vientre, se lo decía sólo con tocarle con mis manos y hablarle. Le decía: "Es tiempo de dormir, precioso, es tiempo de comer mi amor, es tiempo de escuchar música mi vida, es tiempo de leer". Esto lo hacía desde que supe que estaba embarazada. Antes de saber el sexo de mi hijo, le hablaba en término general, el nombre que le puse fue "Bebeto", pues yo sabía y tenía la conciencia de que ya estaba educándolo.

Le leí a mi hijo más de 15 libros mientras estaba en el vientre y hoy el mayor pasatiempo de él es la lectura. Esto me lleva a hacerte la siguiente pregunta: ¿Qué tú quieres con tus hijos? ¿Qué tú quieres que ellos sean en el futuro? Lo que sea que desees para ellos, comiénzalo a declarar y expresar hoy. Mi esposo quiere que mi niña del medio sea política o una líder del pueblo, y son muchas las veces que lo encuentro con la niña practicando un discurso político. Él sabe lo que le gustaría para el futuro de su hija y la estimula para que logre ese objetivo.

El potencial verbal

Según algunos estudios realizados se ha comprobado que en los hogares promedios hay diez comentarios negativos por cada uno positivo. También se ha comprobado que cuesta cuatro comentarios positivos para poder contrarrestar un comentario negativo. Con este análisis es fácil definir por qué hay tantos niños que están desanimados y sufren de una autoimagen tan pobre. No siempre podemos ver de inmediato el potencial destructivo de nuestras palabras, sin embargo, siempre tendrán poder.

Para ilustrarte bien lo que te quiero enseñar, voy a llevar a tu pensamiento esta imagen. Imagínate que tu hijo se levanta en la mañana y viste su carácter con un talonario de recibo y, como todos los talonarios de recibos, éste tiene una hoja blanca y una hoja amarilla para sufragar el borrón. Las hojas representan su carácter y su formación. La primera hoja es la mente consiente y la segunda es la mente subconsciente, la cual está en lo más profundo del ser donde se gurda todo lo que decimos y hacemos para bien o para mal.

Cada palabra destructiva que tú pronuncias, tal como: "Eres un don nadie, no sirves para nada, eres más bruto que el mismo burro, eres un engendro del demonio, eres fea". Cada una de estas palabras se quedará escrita en este talonario, el cual podríamos llamar "ser". Luego imagina que te das cuenta que has cometido muchos errores con la forma de corregir y educar a tu hijo, y deseas borrar todo lo negativo que sembraste sobre el carácter de tu hijo. Para eso arrancas la primera hoja blanca donde todo quedó escrito, pero has olvidado un detalle que, como sucede en los talonarios de recibo, el niño tiene otra página ("alma"), que está debajo de la superficie de la mente consiente donde se queda grabado todo.

Arrepentida, decides cambiar lo que hiciste y comienzas a usar nuevas palabras, palabras positivas, pero, aunque las palabras buenas pueden reafirmar un área del niño que está en crecimiento, no borrarán lo que se escribió en esas hojas. Porque debajo de la página en blanco está una página (mente subconsciente) en la que se quedan muchos borrones. Por cada palabra que se dice en lo externo (lo natural) es afectado grandemente lo interno (el carácter).

Cuando le hablas a un niño una palabra negativa de manera instantánea, comienza éste a producir un sentimiento conforme a la palabra declarada y junto con la palabra declarada viene un cambio de fisionomía, reflejando si hay vergüenza, tristeza o cualquier otra emoción. Pero aun cuando se borren estas emociones, quedará una marca en lo más profundo de su carácter.

En el ejemplo anterior hablé de lo que pasa con el niño cuando tú como madre le dices algo negativo, pero de la misma manera hay que preguntarse: ¿Qué sucede cuando los profesores le hablan negativo en la escuela? Como madres tenemos el privilegio de guardar a nuestros hijos con palabras positivas, de manera tal que cuando lo negativo haga una copia en el papel carbón de su vida, ellos ni siquiera lo noten. Las personas viven resentidas y llevando en anotación cada detalle que les sucede, la razón de eso es que están enojadas. El enojo nada tiene que ver con lo que tú le dijiste o le hiciste en el momento, sino con lo que tienen acumulado en su carácter. Luis Pasteur dijo: **"No le evites a tus hijos las dificultades de la vida, enséñales más bien a superarlas".**

En esto radica la raíz del fracaso, en perder la fuerza para volverlo intentar.

No es nada fácil estar en una familia donde lo único que se hace es señalar o destacar las faltas, aunque es nuestra obligación como padres instruir a nuestros hijos y enseñarles, no deberíamos hacerlo a través del señalamiento de sus faltas y sus errores. Cuando tomamos ese método como un modelo de corrección, pronto los hijos dejarán de intentarlo, y en vez de estar motivados a desarrollarse, se sentirán fracasados. En esto radica la raíz del fracaso, en perder la fuerza para volverlo intentar.

Háblale al niño como a un niño

Nosotros como padres debemos saber la diferencia entre corregir a través de la motivación y corregir a través del reproche. Los niños son niños y no pueden actuar como adultos, podríamos decir que debemos evitar corregir nuestros niños pensando en nuestra madurez y en vez de eso enfocarnos en su niñez.

Los niños aprenden a través de los intentos y de los errores que cometen, éstos son como un laboratorio con un potencial de descubrimiento inagotable, pero cuando los reprendemos, queriéndolos llevar a nuestro plano mental, los opacamos y les robamos el potencial.

Hace un tiempo me enfermé con el virus de la gripe y no me podía ni parar de la cama. El día anterior de darme el virus yo había limpiado la casa y la había dejado impecable. Mi niña Wesserline llegó de la escuela y al verme tirada en la cama se preocupó mucho, se me acercó, me abrazo, me dio un beso y luego me pregunto: "Mami, ¿tienes hambre?". A lo que le conteste "Sí, amor, tengo hambre". En ese momento el rostro de ella se iluminó con una hermosa y enorme sonrisa, cubrió su rostro con las manos y al verla haciendo tales gestos le pregunté: "¿Por qué ríes?". A lo que ella me contestó: "Porque voy a cocinar para ti".

Mi reacción no fue de esperar, me senté en la cama como pude, con el corazón exaltado y el rostro sonrojado. La miré y señalándola le dije: "No, mami, deja que tu papi pida algo al restaurante para todos, la cocina es peligrosa para una niña de tu edad".

Ella me miró, cambió su rostro y con la cabecita girando hacia el piso me dijo: "Tú no confías en mí, yo tengo ocho años y ya soy una niña grande". Entonces reaccioné, pero sólo cuando me di cuenta que mi niña estaba pronunciando las mismas palabras que salen de mi boca, pues yo siempre le dije: "Tú eres una niña capaz y muy inteligente, y tu mami confía mucho en ti". Recuerdo que esa tarde salió del dormitorio y no la volví a sentir por algunas horas, pero casi al anochecer veo esa personita que se acercaba a mi cama y me pregunta: "Mami, ¿puedes levantarte?". "Claro que sí, mi niña", le respondí. Me dijo luego: "¿Puedes venir conmigo a la cocina?". De inmediato, me levanté y la seguí, y cuando llegué vi un desastre de nunca acabar. Toda la mesa estaba llena de huevos, cajas, harina, pan, salsa, etc. Pero lo que capturó mi corazón fue lo que ella me tenía en la mesa, me tenía preparado un delicioso almuerzo, lo que me hizo olvidar todo el desastre y me concentré en lo que ella había preparado para mí con tanto amor. La abracé, la besé y le dije: "Gracias, yo siempre supe que tu podías hacerlo".

Cuando vi lo que mi hija había hecho, yo tenía dos opciones. La primera era regañarla por el desastre que había causado en mi impecable cocina. La segunda era edificarla por el esfuerzo que había hecho de agradarme con su comida. La mayoría de nosotras nunca fuimos edificadas cuando algo que quisimos hacer bueno se convirtió en un desastre, en la mayoría de los casos fuimos regañadas y reprendidas en vez de edificadas y valoradas. Nuestros padres con sus buenas intenciones no aceptaban que hiciéramos algo y cometiéramos un error. Cuando esto pasaba, herían nuestros sentimientos y emociones. La mayoría de nosotras tuvimos la experiencia de que cuando nos caíamos al piso, encima de las heridas que nos producía la caída, nos golpeaban para que aprendiéramos a caminar con cuidado. Esa misma actitud muchas veces es la que seguimos repitiendo por generaciones, convirtiéndonos en agentes de juicio en vez de perdón.

Las palabras como recompensas

Yo decidí construir a mis hijos en vez de destruirlos, la pregunta que te hago es: "Y tú, ¿qué harás la próxima vez que estés en una situación donde tengas que decidir? Nuestros niños merecen reconocimiento por sus actos y si van a tener una vida feliz, va a depender mucho de ti como madre. Esto es lo que quiero que ellos puedan recordar: "Su madre siempre estará con ellos para animarlos, ver lo mejor de ellos y destacar su potencial". No importa cuán frustradas y enojadas estemos como madres, recordemos que los niños son muchachos y van actuar como tales.

Si le hubiera dicho a mi niña lo que originalmente deseaba decirle, la habría hecho sentir culpable, y en ese momento le habría quitado la felicidad de haberle servido a su madre, pero al verse apoyada ella se sintió amada y aceptada como una niña especial. Ese día en mi casa tuve éxito con mis palabras, al enfocarla de manera correcta hacia la acción de mi hija, pero no siempre ha sido así. Muchas veces he hecho lo contrario, y en vez de edificarla, la he herido emocionalmente. La perfección no se logra en un día, es un camino de toda la vida y requiere muchos intentos. Pero resignarnos a lo que somos y olvidarnos que esta tarde puedo ser mejor que hoy en la mañana y que mañana puedo ser mejor que hoy, es un camino de las mujeres cobardes.

La educación es parte del cambio

La lengua no es un órgano fácil de controlar, el apóstol Santiago lo expresa así: "Y la lengua es un fuego, un mundo de maldad. La lengua está puesta entre nuestros miembros, y contamina todo el cuerpo, e inflama la rueda de la creación, y ella misma es inflamada por el infierno".

Este órgano tan pequeño, pero casi incontrolable, sólo puede ser controlado por el poder de Dios y una gran fuerza de voluntad. Como los animales salvajes que son domados después de horas y horas de ensayo, así también la lengua puede ser disciplinada con el hecho de pasar tiempo en una relación con Dios y a través de una constante disciplina. Nuestras palabras tienen un objetivo: ayudar a nuestros hijos que se sientan bien, convencerlos e impulsarlos para grandes cosas, en vez de dejarlos que piensen que son unos "don nadie" y que están destinados a fracasar. Debes dominar tu lengua y expresarles todo el tiempo buenas palabras.

Desde niña he escuchado diferente refranes o dichos tales como: "Al que madruga Dios lo ayuda", o "dime con quién anda y te diré quién eres", pero había uno de estos refranes que yo practiqué siempre cuando me sentía atacada por mis hermanos o cualquier otra persona de mi barrio sin importar cuánto herirían mi corazón. Este refrán decía: "A palabras basura, oídos escobas". Sin embargo, el pensar que este dicho que aprendí se fuera a cumplir tan fácil, es como querer tapar el sol con un dedo, porque nadie puede escuchar alguna palabra sin que ésta cause un efecto, y nadie escuchará una palabra hiriente sin ser herido. Tapar el sol con un dedo es la actitud del ignorante. Éste cree que, porque sus ojos no ven el sol, el resto del cuerpo o el mundo no lo sentirá. Lo que quiero decir es que no podemos evitar que las personas digan cosas hirientes, pero ¡cuánto dura esa herida! es otra cosa. Ahora, una herida no se va al taparla con un dedo, sino todo lo contrario: conociendo el conflicto, reconociendo el problema y buscando una cura.

Las personas de afuera no pueden herirnos tan profundo como las palabras de una madre, estas heridas podrían permanecer eternamente hasta sentirse los efectos desbastadores en la adultez. Ay, ¡amiga mía! no sea escasa, no escatimes al decir palabras alentadoras a tus hijos, ¡todo lo contario! Debes desparramarlas o esparcirlas abundantemente, con extravagancia. Debemos esparcir cumplidos y plantar afirmaciones positivas. Si en un momento sembraste con coraje, ahora disemina con amor y amabilidad. En el camino de la vida habrán muchas personas que se esforzarán en sembrar en el alma de nuestros hijos semillas de dudas, miedo y desaliento. Pero debemos trabajar con la ayuda de Dios para que esas semillas de maleza y desaliento no den sus frutos, no profundicen y echen raíces. Esto va a requerir de una disciplina diaria y un nivel de conciencia de que cada palabra que pronunciemos sobre nuestros hijos deben ser expresadas con una intención y un propósito: el de darles un conocimiento de quiénes son y de qué tan lejos pueden llegar en la vida.

VI

Animadoras o críticas

Conocí a un hombre elegante, joven y de cierto éxito, muchos que lo veían pensaban: "Yo quiero ser como ese hombre". Pero lo que pocos sabían era que debajo de ese hombre fuerte y de todo ese aparente entusiasmo, liderazgo y éxito; gritaba un niño por un poco amor, comprensión y aceptación de sus padres. Comenzó a contar su historia y antes de que pasaran tres minutos, el hombre estaba en el piso llorando. Él contaba que en su casa nunca lo aceptaron como hijo, por lo menos ésa era la percepción que él tenía debido a que su madre lo golpeaba constantemente, le decía que no servía para nada y que se arrepentía de haberlo dejado nacer. Sumado a esto, ella hacía una diferencia con su hermano hasta en la calidad de la comida que le daba. Si había una discusión y su hermano salía gritando, los golpes y el castigo siempre eran para él. Esto hizo que su autoestima bajara y le destruyó el corazón al crear un constante sentimiento de rechazo, desamor y soledad.

Cada día como madre tenemos la oportunidad de elegir si vamos a edificar a nuestros hijos o lo vamos a destruir. En el lugar donde me crie había una vecina la cual estaba casada con un hombre que tenía dos hijos de su primer matrimonio, el hijo menor lo enviaron a vivir a la casa de sus tíos, pero el mayor se quedó en la casa con su padre. Desgraciadamente, él quedó en manos de mi vecina, la cual, por el simple hecho de no ser la madre de este niño, lo maltrataba de manera verbal y física. Ellos tenían tres hijas del matrimonio presente, pero a ellas no las trataban de la misma manera. En mi casa intentábamos darle a este niño el cariño que no recibía de una madrastra frustrada y de un padre que, aunque era responsable al proveer el alimento y el techo a su familia, era irresponsable al dejar que su esposa maltratara a ese niño de esa manera. Por mucho tiempo este niño tuvo que sufrir el daño hasta llegar a convertirse en un muchacho verdaderamente difícil de guiar y tratar. Y como era esperado, más tarde se fue de su casa. Por razones de la vida, este joven comenzó a estudiar en la Universidad y hacer cambios paulatinos, con el fin de ser mejor y de avanzar.

Pasado el tiempo, se casó, tuvo sus propios hijos y juró que cuidaría de lo suyo de una manera diferente a como lo habían cuidado a él. Sin embargo, dejando a la esposa y sus hijos, siguió su ruta de la búsqueda del amor y la compresión. A este tipo de jóvenes se le hace difícil expresar el amor por la actitud que toman ante sus conocidos. La sociedad y las nuevas personas que llegan a su vida no lo entienden y lo comienzan a etiquetar como una persona arrogante u orgullosa, sin embargo, algunos logran superar su pasado a pesar de que no fue nada fácil. La verdad es que no se puede tener buen fundamento en tierra movediza. **A una persona que nunca se le edificó el carácter, por dentro está hueca.**

La pregunta que deberíamos hacernos como madres, es: ¿Cómo vamos a hablarles a los hijos? ¿Vamos a hacerlo con palabras de vida o de muerte? ¿Somos las animadoras de nuestros hijos o somos sus principales críticas? Entiendo que siendo madre de tres hijos he edificado bien a Wesser, mi primer hijo, que se me ha hecho fácil debido a que él es mi niño perfecto, pero no me ha sido tan fácil con mi niña Wesserline, la cual es la segunda en la lista. Ella no siempre tiene el mejor humor, no siempre hace las cosas que como madre a mí me gustarían que se hagan, muchas veces me lleva la contra en cosas tan básicas como que se ponga una ropa que con mucho amor le compré. Al principio lo veía como el resultado de una mala crianza, pero educándome con los errores, libros, charlas y el paso del tiempo, descubrí que es parte de su naturaleza, y que su temperamento es como el de su padre. Ella es inquieta y siempre está buscando algo nuevo para hacer. Yo como melancólica perfecta y con ascendencia a flemática, me es cómodo el poco ruido, la poca acción, el pensamiento profundo y los detalles en todo lo que hago. Pero ellos están más enfocados en cuánto hacen, logran, en alcanzar sus metas y muchas veces buscando eso imponen sus ideas.

La naturaleza de mi hija es la de un líder, y yo puedo matar o cultivar esa naturaleza, pero debido a que ella es muy diferente a mí, podría matarla fácilmente con la complacencia de vivir cómoda con las acciones de mi primer hijo y la ternura de mi niña pequeña, pero he tenido que aprender a respetar las pequeñas acciones y la conciencia independiente de mi hija Wesserline. **Esto que estoy exponiendo aquí es válido en el trato de todos los seres que nos rodean, todos ellos serán diferentes a nosotras.** Un ejemplo es que Wesserline es muy puntual y organizada en sus cosas. En lo organizada salió a mí, pero en lo puntual salió a mi esposo. El problema de mi hija es que a ella le gusta estar en todo mínimo media hora antes del tiempo acordado y aunque la llevamos a los lugares cinco o diez minutos antes, a ella le falta la paciencia para agradecerlo y hasta nos llama impuntuales. Eso sí que es doloroso, al escucharla llamarnos así, lo primero que llega a mi mente es decirle que no es verdad, que está mintiendo, entrar en una discusión con ella de la cual todos saldríamos lastimados, y es entonces cuando reacciono y me retengo. Pues sería muy fácil llamarla malagradecida, malcriada y buscar razones para argumentarle que estamos a tiempo o que el reloj marca unos minutos antes. Sin embargo, me retengo porque tengo que reconocer que ser puntual y estar con media hora de anticipación en los lugares, no es una falta de carácter, sino una virtud; y aunque me duela reconocerlo, ella está en lo correcto.

Edificadora del hombre

Como esposas sabemos que no sólo nuestros hijos dependen de nosotras, sino también nuestros cónyuges. Fueron muchos los años que yo no valoraba lo que mi esposo hacía a toda cabalidad, deseaba que se dedicara a lo que yo valoraba y podía entender. Siempre que lo veía haciendo un nuevo proyecto, le decía: "Deja de soñar y ponte a trabajar". Es increíble que una mujer pueda llegar a ese estado.

Mi esposo hacía cosas que le daban resultados fáciles y buenos, sencillamente empezaba algo y a los dos meses estaba en un promedio de unos "x" miles de dólares por mes, mientras otros que hacían los trabajos a los cuales yo llamaba "trabajo", ganaban una cuarta parte de esa cantidad, pero yo lo veía mal, sólo porque no lo concebía o no me gustaba. **Esto se debía a dos razones y las dos estaban relacionadas a mi niñez:**

❖ Yo sentía que el nuevo proyecto venía en mi contra, ya que de su reducido tiempo al dedicarse a algo extra me iba a dar menos tiempo a mí.

❖ Porque los negocios personales o independientes cuando comienzan sólo proporcionan gastos económicos y de tiempo, y yo quería seguridad personal y económica, pensaba: "Él debe ganar más dinero y no gastar más".

Hoy en día al escribir este libro, le agradezco a Wilson grandemente porque ha sido su ejemplo el que me ha motivado. Él ha resaltado siempre mis talentos y en muchas ocasiones hasta me he sentido empujada hacia éstos, pero en el transcurso del tiempo he aprendido que el poder de una mujer no está en ver lo bueno de su pareja y decirlo, ni en ver a sus hijos haciendo cosas buenas y exaltarlas, sino que está en verlos fracasar y buscar lo bueno de lo que han hecho para resaltarlo.

Cada vez que buscamos lo bueno en las acciones de nuestros hijos y lo expresamos en palabras, los estamos impulsando hacia una vida victoriosa. Esto no sólo debes practicarlo con tus pequeños, sino también con tu esposo. Hoy a mi esposo lo apoyo, lo animo, le resalto sus cualidades y los resultados son que él se ha convertido en un hombre más feliz, más triunfador y en un mejor esposo. De esto te hablaré más adelante, pero ahora lo que quiero resaltar es que debes usar tu boca para edificar a tu pareja y no para destruirla.

No es lo que son, sino lo que pueden llegar a ser

Mientras estaba en una edad temprana, yo diría que tenía uno 5 o 6 años, mi madre nos dejó al cuidado de nuestra hermana más grande, llamada Escarlet. En el transcurrir del día, a mi pequeña hermana Marianela se le ocurrió jugar con el acondicionador de mi mamá y lavarse el pelo, el cual ella guardaba de nosotras para que no lo gastáramos. El juego de mi hermanita consistía en que ella era la dueña de un salón de lavado de pelo y nosotras éramos los clientes. Pronto el salón estaba lleno de clientes y mi hermana comenzó a lavarnos el pelo a todas, incluyendo a mi padre que llegó más tarde. En esas lavadas de pelo, mi hermana, que no tenía más de 3 años, gastó todo el acondicionador y también llenó toda la cocina de espuma, haciendo el peor de los desastres de agua y espumas que te puedas imaginar.

Todas nosotras habíamos pasado por sus manos, ella había convencido a cada una de que nos dejáramos lavar el pelo, pero fue cuando estaba comenzando con su próxima cliente que llegó mi madre, y mi hermana que es de color blanco se puso roja, su cara dibujó un espectáculo de horror al pensar en lo que le podía pasar. Mi madre miró lo que estaba pasando y en vez de enfocar su atención en las botellas vacías de acondicionador y en el desorden que ella había hecho, se sonrió con ella y le dijo: "Marianela, pero tú eres una experta en lavado de pelo". Mi madre a la vez abría sus brazos y la abrazaba. Este gesto fue tan impactante para mí que todavía lo recuerdo con mucho agrado.

Hoy mi hermana Marianela es una apasionada por la cosmetología, y además de haber ido a la Universidad, es una apasionada por los cursos de cosmetología y tiene su propio salón de belleza. Mi mamá sembró una semilla de fe y de seguridad en mi hermana sobre algo que de alguna manera llenaba su corazón de sueños y le daba satisfacción a su ser. Este principio se aplica a cualquiera otra cosa que tú como madre deseas que tus hijos hagan. Esto es lo que yo llamo construir con la boca. Mi madre pudo pensar en el acondicionador que Marianela le había gastado, en el desastre que le había hecho, en la desobediencia de no pedir el permiso para usarlo, pero en vez de enfocarse en todos esos aparentes males, se enfocó en cómo construirla como persona y en cómo reafirmarla en seguir lo que le gustaba.

Las madres tenemos un serio desafío: el de no permitir que los afanes cotidianos no nos permitan apreciar las aparentes imperfecciones de nuestros hijos. Muchas veces lo que nuestros hijos hacen como un acto de despreocupación o irresponsabilidad, no es más que una manera de comenzar enfrentar la vida y tratar de encontrar su propio propósito en la misma. Mi consejo como madre y esposa es que no los critiquemos tanto, sino motivarlos y reconocerlos a diario.

Mi niña Mélody tenía que actuar en su escuela, para ella esto era muy importante y aunque había ensayado mucho, se veía muy nerviosa por su participación. Llegó el día de la presentación y antes que Wilson la tomara de la mano para llevarla a la escuela, ella me miró con esos ojitos de inocencia que nunca olvidaré y me dijo: "Mami, no dejes de ir a verme, *please*". A lo que le contesté: "Claro, mi princesa, estaré temprano y en primera fila".

La niña sonrió y salió alegre y confiada, agarrada de la mano de su papá, mientras volteaba su carita y me daba una sonrisa de satisfacción al salir de la casa. Para los hijos la afirmación de sus padres es algo vital en su desarrollo y crecimiento. Cuando afirmas a tus hijos y le generas el apoyo que ellos requieren en lo que hacen, a medida que lo haces, ellos harán más y mejor las cosas.

Para los hijos la afirmación de sus padres es algo vital en su desarrollo y crecimiento.

Lamentablemente estas obras escolares sólo duran una hora y yo me distraje en otras cosas. Cuando llegué, ella estaba bajando de la plataforma porque había terminado la función. Estaba muy decepcionada, entonces la tomé de su manito y comencé a caminar hacia la casa con ella. Yo sabía que no le había hecho bien, pero no encontraba cómo exponerle el tema, en lo más profundo de mi corazón deseaba que ella se olvidara del asunto y me decía a mí misma: "Quizás no le dio tanta importancia, talvez pudo disfrutarlo sin mí, de todos modos ellos tienen que aprehender a que algún día van a vivir si sus padres".

Iba muy sumida en mis pensamientos cuando la voz de mi niña me trajo a la cruel realidad del momento: "Mami", me dijo, "había muchos padres y amigos de los demás amiguitos animándolos y a mí nadie me animó". Una lágrima brotó en los ojitos de ella y un chorro de lágrimas bajo por la mejilla mía. Cuando les fallamos a los hijos en cosas que se ven tan pequeñas como ésta, le robamos la motivación de mejorar y triunfar, también le robamos la capacidad de que confíen en nosotras.

El mejor legado que una madre puede darle a sus hijos es un poquito de tiempo cada día.

Ver que a los hijos les interesa tu opinión y mirar el potencial no expuesto para motivarlos a alcanzarlo, es la principal tarea de una madre. Muchas madres que no trabajan fuera de la casa, porque decidieron quedarse a cuidar a sus hijos, se sienten denigradas y desvaluadas, sin embargo, la tarea de formar a un hijo es el mayor trabajo y la más grande profesión de la vida. Cualquiera puede motivar y con una palabra ayudar a sacar lo mejor de un desconocido, pero sólo una madre abnegada lo podrá hacer con sus hijos. Otras madres tienen que trabajar fuera y otras hasta hacer el trabajo del padre, pero si ésta es tu situación, no quiero que te sientas mal, al contrario, quiero felicitarte por llevar a cabo con tanto valor esta tarea, pero nunca olvides estas palabras: El mejor legado que una madre puede darle a sus hijos es un poquito de tiempo cada día.

Encontrando su propósito

Recuerda que cuando le dedicamos tiempo a los hijos, podremos acercarnos a sus corazones y enseñarles su propósito de vida: "Instruye al niño en su carrera y aun cuando sea viejo no se apartará de ella". La mayoría de las personas que no pueden vivir una vida extraordinaria, nada tiene que ver con que no tengan las cualidades necesarias para hacerlo, sino todo lo contario, es porque no tienen ni noción a qué vinieron a esta tierra. He visto a través de los años que los niños a los cuales los padres no le dedican tiempo, no le hablan, no lo motivan y no lo ayudan a descubrir su propósito, viven la mayor parte de su vida descubriendo cuál es su destino en vez de enfocarse en construir el propósito que ya conocen.

Muchas de nosotras nos pasamos la vida construyendo un legado duradero y que perpetúe nuestro nombre, y no nos damos cuenta que ese legado ya nos fue dado en el momento cuando se abrió nuestro vientre y nos pusieron en la mano un niño. Tu recuerdo después de tu muerte sólo se queda en lo que dejaste en el interior de tus generaciones. Ten la sabiduría de dejarles a tus hijos una herencia económica, pero quiero que sepas que ésa no es la mayor herencia. Tú puedes dejarle montones de riquezas o negocios, pero si no le dejaste una formación correcta para perpetuar lo que lograste en vida, pronto esto no existirá.

Viven la mayor parte de su vida descubriendo cuál es su destino en vez de enfocarse en construir el propósito que ya conocen.

Muchas actuamos cuando somos arrastradas por las opiniones sociales, pero recuerda que la formación de tu familia no está en la mano de la sociedad, sino en tus manos y no importa lo que la sociedad diga sobre tus hijos, sino lo que tú digas y lo que tú dices debe ser lo que Dios dice de ellos; y Él dice: "Tendrán hijos para bendición y no para maldición".

Debemos enseñarles a nuestros hijos que todos los logros personales y todas las marcas tarde o temprano serán superadas por alguien más. Todo lo que en la vida se recibe, se supera. Las marcas se rompen, la reputación se desvanece y los homenajes se olvidan, pero no por esto deben dejar que la vida les pase sin algunos de estos logros, siempre y cuando sean para ayudar a otros y reverenciar a nuestro Dios.

Dos cosas importantes que podemos aprender de la búsqueda de los logros y la realización del propósito:

❖ 1- A medida que nuestros hijos avanzan en la vida, verán a otros acelerar sus carros y pasarles por delante, dejándole a su paso un polverío de tristeza, amargura, dolor y frustración. Pero es necesario que aprendan a sobrellevar estos momentos y sigan hacia su destino entendiendo que no siempre se gana.

❖ 2- Aunque alguien le ponga en el camino una marca a romper muy alta, nunca digan "no podemos alcanzarla", es que si esto está en sus propósitos y ellos saben que lo está, la podrán sobrepasar. Nadie ha llegado tan lejos que no pueda ser alcanzado. Pero cuántas de nosotras carecemos de este conocimiento debido a que nuestros padres nunca se preocuparon por dejarnos saber tan grande revelaciones.

Como admiradora que somos de nuestros hijos, no sólo debemos serlo para que sepan cuánto les amamos como madres, sino también para que entiendan que estamos empeñadas en que le vaya bien y encuentren su luz y sean felices. Debemos enseñarles a construir un legado terrenal y enfocarlos en una visión, pero también ayudarlos a vivir para lo eterno, para que aprendan que la vida no se acaba en la muerte, sino que tienen una vida por delante, en la cual podemos amar a Dios y llevar una vida extraordinaria. Amar a Dios no es religión, como muchos lo quieren pintar, al contrario, es relación con un Padre que nos ama con locura y que desea ser nuestro mayor propósito.

Cuando entiendes cuán profundo es el amor de Dios, este conocimiento sana tus heridas y te eleva a lugares más alto. Nuestra principal tarea es enseñarles a nuestros hijos a vivir para que no construyan un simple legado terrenal, ya que ésta es una meta que revela muy poca visión. Mas bien, debemos mostrarles que la manera más sabia de usar su tiempo es edificando un legado eterno. Ellos no sólo fueron puestos en la tierra para ser recordados, sino para preparar su carácter para la eternidad. Pablo al escribirle una carta a su hijo Timoteo, le dijo: "(...) y que desde la niñez has sabido que las Sagradas Escrituras, las cuales te pueden hacer sabio para la salvación por la fe que es en Cristo Jesús. Toda la Escritura es inspirada por Dios y útil para enseñar, para redargüir, para corregir, para instruir en justicia, a fin de que el hombre de Dios sea perfecto, enteramente preparado para toda buena obra".

Mas bien, debemos mostrarles que la manera más sabia de usar su tiempo es edificando un legado eterno.

La única manera de sacar lo mejor de nuestros hijos es la enseñanza. Instruirlos en los valores duraderos en vez de hacerlo en las cosas superfluas.

El ser inigualables

Cada niño debe sentirse único y especial, debe saber que es diferente a todos los demás niños. Sólo ellos pueden ser ellos. Mis tres hijos son diferentes y eso me llena de mucha satisfacción en vez de impotencia, **Dios no nos creó para que seamos uniformes, sino únicos.** El diseño de Dios no deja lugar para un doble, en ninguna parte del universo hay otro como tú. Es a esto que le llamamos el carácter, nadie más puede jugar el papel que Dios dictó para ti o para tus hijos. Muchas mujeres se confunden en la vida porque quieren ser como alguien más o quieren imitar a otras. En ser tú misma está anclada tu mayor grandeza.

Mi esposo y yo tuvimos momento en nuestro matrimonio muy oscuros, en los que él sin querer comenzó a tratar de moldear rasgos de mi personalidad y tratar de hacerme semejante a otras mujeres que había conocido. Muy pronto comencé a vivir en un mundo donde no sabía quién era, cuál era mi propósito y cuál era mi misión en la vida. Esto en algún aspecto me hacía incapaz de ser lo que realmente deseaba ser.

Usar tus propias armaduras y dejar de compararte es algo que te va a poner en un lugar ventajoso. David, el segundo rey de los hebreos, cuando estaba en una edad muy joven fue enviado por su padre al campamento donde los guerreros se preparaban para la batalla, pero David no fue enviado como un guerrero, sino como el hermano menor de una casa donde todos los hijos eran soldados. Al no tener edad, ni experiencia bélica, David fue enviado a la batalla para llevarles a sus hermanos quesos, víveres y miel que su padre les mandaba. Los hermanos de David estaban con el rey en el campo de batalla y su padre quería ver que sus hijos estuvieran sanos y salvos.

David, como el menor de su casa, no fue tomado en cuenta para la guerra y tampoco se preocupaba por eso, pero cuando llegó al campamento vio a un gigante que salía cada mañana y cada tarde a desafiar al ejército de los hebreos, hazaña que había hecho por cuarenta días, notó que nadie le hacía frente.

Entonces David se ofreció a enfrentarlo y le prometió al rey matarlo, pero el rey no le creyó, al contrario, le advirtió: "Hijo mío ese filisteo es un hombre experimentado en edad y en la batalla, y sabe usar sus armas, por lo cual te matará"; a lo que David argumentó que como pastor de las ovejas de su padre se había enfrentado con osos, lobos, leones y todo tipo de fiera del campo y los había matado con una honda. Éstas fueron sus palabras: "Sean leones, osos, lobos, o cualquier otra fiera, yo los mato". Al ver el rey la determinación del muchacho, le dijo: "Está bien, puedes ir, pero por lo menos déjame ofrecerte mi armadura". David tomó la armadura del rey y se la probó, pero ésta no se ajustaba a su cuerpo y le impedía moverse con agilidad. David se quitó la armadura del rey y tomó su honda con cinco piedras, la misma arma con la que había peleado con los fieros animales en el pasado. La historia termina dándole la victoria a David frente al gigante llamado Goliat.

Es muy importante que le pongamos atención a los detalles de la historia. Primero, David no eligió las armaduras del rey, es decir, nadie puede lograr una gran vida, una gran fama, una gran empresa, un buen matrimonio y un gran logro viviendo la vida de otro o contando con los talentos de ellos. Segundo, David no dejó que el rey lo confundiera con sus palabras, alegatos y excusas. La claridad de lo que eres y de lo que eres capaz de hacer es una espada de doble filo ante las opiniones de otros.

La mayor parte de los adolescentes piensan que son diferentes a todo el mundo, pero lamentablemente no lo hacen de manera positiva, al contrario, lo hacen para echarse atrás y en muchos casos mostrar cierto nivel de rebeldía hacia la sociedad. Ellos no se ven como geniales, inteligentes, auténticos, emprendedores, populares, atléticos. Al contrario, tienden a verse con el lente crítico de la cultura popular que les rodea. Si un niño no tiene una madre que le explica el poder de ser distinto, crecerá despreciándose a sí mismo y lo que esto significa es que olvidará que Dios le dio un diseño diferente, pero que también le dio un propósito diferente, que nació con un propósito único y es exactamente su singularidad lo que hará que éste se cumpla.

La claridad de lo que eres y de lo que eres capaz de hacer es una espada de doble filo ante las opiniones de otros.

Cuando un niño crece con ese propósito, crea defensas contra los ataques proporcionados por la vida y contra los reveses sociales que golpean a nuestros jovencitos mientras atraviesan por la etapa de la adolescencia. Cada niño nace con dones y talentos, lo cuales fueron dados por su Creador el día de su existencia y es la responsabilidad de la madre descubrir el tesoro escondido detrás de ese rostro con acné, de ese pelo alborotado y de esos cabellos de colores. Incluso más allá de la rebeldía y los vicios, la buena madre sigue creyendo y apostando por sus hijos.

La madre debe ser específica a la hora de reconocer los talentos y dotes de sus hijos, ya que el adolecente siempre va a creer lo que la madre perciba de él. La madre se convierte en un espejo en el que sus hijos o hijas se ven a sí mismos. Como madres no podemos dejar de recordarles que son únicos, también debemos decirles que Dios tiene planes específicos con ellos. Aunque la madre no sabe específicamente cómo definir eso, ella debe aprender a darles los instrumentos que los ayuden a descubrirlos. La madre siempre tendrá la posibilidad de darles a sus hijos un mapa el cual señala el lugar del tesoro, también debe ser ella quien los ayudará a descifrar las claves para descubrirlo.

El viento que impulsa las velas

Las palabras de una madre son como la brisa que impulsan las velas de un barco, con éstas se impulsan la esperanza y los sueños de sus hijos para llevarlos a mejores horizontes. Pero debemos ser cuidadosas de que esas brisas los lleven en la dirección del propósito que Dios ha planeado y no fuera del curso del mismo, o en una ruta de su propio diseño. Nunca olvides que las madres son centinelas en las bravas costas de la vida, para guiar a sus pequeñas flotillas, tanto al reguardo del hogar, como a la aventura en alta mar.

Todo lo que podemos hacer por los hijos puede ser de bien o de mal dependiendo las palabras con las cuales los impulsemos. Las palabras pueden ser como el viento que impulsa las velas, mientras que el propósito en sí son las velas, pero al igual que ocurre en el mundo real de los navíos, el viento no es el causante del lugar donde llegan los barcos. El viento sólo los puede adelantar o atrasar en el camino, pero el verdadero responsable son las velas.

Las palabras de una madre son como la briza que impulsan las velas de la esperanza y de los sueños en un niño, llevándolo hacia nuevos horizontes.

En la vida encontraremos todo tipo de vientos, los cuales azotarán a nuestros hijos, pero cuando una madre siembra un propósito claro y usa sus palabras para alimentar tales propósitos, sus hijos llegarán a su destino. Por eso es que requiero que entiendas esta verdad: Las palabras de una madre son como la briza que impulsan las velas de la esperanza y de los sueños en un niño, llevándolo hacia nuevos horizontes.

Palabras que una madre debe evitar:

❖ Me hace enojar tanto.

❖ Me está volviendo loca.

❖ No puedes hacer nada bien.

❖ Te lo he dicho más de mil veces.

❖ Siempre haces lo mismo.

❖ Nunca vas aprender.

❖ No me aprecias.

❖ No me amas.

❖ Eres un mentiroso.

❖ ¿Por qué no eres como tu hermano X?

Las palabras que deberíamos usar:

❖ Bien hecho.

❖ Me alegra que seas mi hijo.

❖ Me encanta pasar tiempo contigo.

❖ Me gusta verte triunfar.

❖ Eres un regalo de Dios para mí...Estoy orgullosa de ti.

❖ Yo creo en ti.

❖ Tú puedes hacerlo.

❖ Eres un tesoro preciado en esta familia...Te extrañé hoy.

❖ Gracias.

❖ Eres tan buena colaboradora.

❖ Tú iluminas mi vida.

❖ Estoy orando por ti.

❖ Bien, excelente.

❖ Naciste tan inteligente.

❖ Te apoyo.

Diferentes maneras de como una madre puede implementar las palabras y los métodos para resaltar las habilidades de sus hijos y levantar su autoestima:

❖ Ponerle una nota debajo de la almohada.

❖ Enviarle un correo electrónico.

❖ Hacerle su comida favorita.

❖ Escribirle una carta y mandarla por correo regular.

❖ Ponerle una nota en su libro de texto favorito.

❖ Sorprenderlo decorando y pintando su cuarto.

❖ Sorprenderlo con algún viaje, o regalo cuando hacen algo bueno y decirle la razón por la que lo hiciste.

❖ Salir con ellos de compras sin motivo.

Cuánto podemos lograr como madres con nuestros hijos si usamos nuestra boca para animarlos a ser mejores, a ser únicos, a cumplir sus propósitos y a tener una alta autoestima y valor propio. Siempre habrá alguien que debe decidir y ésa eres tú. Tú decides si comienzas a quejarte por todo el trabajo y ocupaciones que nos dan nuestros hijos, o aceptas que ser madre es el mayor privilegio que una mujer pueda tener sobre la tierra.

Predestinadas al liderazgo

Como mujeres, estamos destinadas para ser grandes; y una de las razones es porque fuimos destinadas para ser líderes y progenitoras de líderes, no hay una sola madre que no sea una líder.

Esto parece un alago feminista, pero no lo es. Muchos hombres han soñado ser líderes, quizás todos lo sueñan, pero no todos lo logran, no todos los padres se convierten en líderes, sin embargo, las madres siempre lo son. No son uno ni dos los hombres que abandonan a sus hijos renunciando a su papel de padre, pero pocas veces ocurre así con las mujeres, éstas en su mayoría han criado, han asumido su papel de madre y han mantenido un frente unido para proteger a sus hijos. Pero lo que no todas han hecho es saber que tan importante es lo que hacen, que no es un trabajo de segunda clase, que esto no es para aquellas que no tienen profesión, o carecen de empuje y habilidades, no es un trabajo sustituible, no es algo que cualquiera puede hacer. Sólo una mujer que sabe lo importante que es impulsar a sus hijos a un futuro mejor logra traspasar la barrera del tiempo y la confusión sobre la feminidad de los siglos actuales y venideros.

Una mujer puede hacer todo tipo de profesión, pero hay una que ella no puede reusar jamás: ser madre es ser líder, el día que las mujeres renunciemos a la responsabilidad que conlleva el liderazgo responsable de la maternidad, el mundo estará en peligro del ocaso.

El poder de la animación

El presidente de los Estados Unidos, Barack Obama, no se crio con su padre y estuvo con su madre muy poco tiempo en su crecimiento, pero su abuela lo ayudó en la crianza. Esta mujer, que sabía el valor de una madre, asumió el rol y lo educó con los principios necesarios para que fuera un hombre de bien, incluso le inculcara valores y un espíritu de grandeza. A pesar de que Obama era un hombre de color, pues su madre era de raza blanca y su padre de la raza negra, su abuela de parte de su madre le dio los valores de la libertad que ofrece los Estados Unidos, convirtiéndolo en un hombre triunfador y en un soñador sin límites.

Este hombre, nacido de una mezcla de razas para muchos hasta rara, para algunos inaceptables y para otros hasta poco común, se convirtió en el presidente número cuarenta y cuatro de la Unión Americana. Él mismo testifica cómo su abuela le inyectaba fe y esperanza cuando de niño quería bajar los brazos y tomarse lástima por sus circunstancias y color. Como mujer tú también puedes llegar a cumplir tu sueño cualquiera que sea, pero aún mejor como madre, pues lo que tú no veas en tu lapso de tiempo en la tierra, lo podrán ver tus hijos. Ni uno solo de los padres de Obama pudo ser presidente, ni uno lo llegó a ver cuando él lo fue, hasta su abuela murió unos meses antes de las elecciones, pero él lo fue y es como si ellos lo fueron también con él. En Barak Obama ellos fueron presidentes, en él todos cumplieron ese sueño. Cuando nosotras tenemos un sueño y lo sabemos transmitir a nuestras generaciones, éstas también trabajarán para verlo realizar.

Concluyo este capítulo diciendo que ser una animadora, en vez de una crítica, es ser una verdadera líder y triunfadora; esto es lo que te ayudará a impulsar a las personas que te rodean, pero muy en especial a tus propios hijos, los cuales no sólo cumplirán sus sueños, sino también los tuyos.

VII

Primero lo primero

En cierta ocasión, mientras compartía con mi esposo una serie de conferencia de superación personal a una organización en Las Vegas, vi cómo las personas se gozaban cuando mi esposo dio el título de lo que quería impartir. Él comenzaba con estas palabras: "Dándole vida a tu yo". Este mismo tema no le cayó muy bien cuando fue impartido en otro lugar a otro grupo de índole religioso. Esto, quizás, porque, al igual que yo, no entendían la diferencia entre el "yo" y el "ego". Cuando digo en este capítulo "lo primero es lo primero", quiero puntualizar que estoy hablando de la muerte del "ego", quizás ésta no sea una buena manera para comenzar este capítulo, e inclusive tú sientas el deseo de cerrar este libro y no continuar, pero te animo a que continúes, ya que todos los fracasos de una mujer están erradicados en la exaltación de su propio "ego". El problema es cómo las personas definen el "ego", pues muchos tratando de que las personas tomen en la vida el mejor camino, terminan destruyendo en la persona lo más poderoso, que es la identidad y el valor humano. **La destrucción del "yo" ocurre cuando** acudimos a herramientas equivocadas para lograr el cambio en los demás, como el temor, la manipulación y el control.

La gente termina matando al Dios que está dentro de ellos al compararse o creerse que es una especie inferior. Debido a estos patrones de creencias enseñados por la cultura, la religión y el hogar, muchas personas dicen: "Nosotros no somos nadie"; otros dicen: "Somos más que gusanos". Lo triste es que muchas de estas interpretaciones vienen de los púlpitos de las iglesias donde sólo se resalta la naturaleza caída del hombre, el "ego", y no la naturaleza espiritual, el "Yo Soy". Debemos buscar la muerte del "ego", y no la del "Yo o el Yo Soy".

El "ego" es el yo humano ligado a todo lo que está en la mente que no viene ligado a una inspiración espiritual pura y sublime. Éste siempre quiere tener la razón para satisfacer sus deseos. **El "ego" trae insatisfacción al ser humano, porque está lleno de males tales como el "egoísmo, la orgia, la envidia, la lascivia, el adulterio, la fornicación, la vanidad, la ira, el rencor, el dolor, el temor, la gula, el orgullo, la depresión, la competencia, los pleitos, la contienda, el chisme, la crítica, la manipulación, el abuso, la baja autoestima, la ansiedad, la negatividad, la rebeldía, la deshonra, la mentira, el engaño, la desesperanza, la falta de dominio propio, el odio, la amargura, la falta de perdón, la preocupación, los afanes", etc.**

La manifestación del yo "ego" tiene su origen en el egoísmo humano y en el despegue del hombre de Dios. Es un deseo de lucirse y de tener poder y control sobre los demás. El "ego" es un abismo que nunca se llena, con nada, ni con nadie, porque se centra en el deseo de satisfacción personal y la irresponsabilidad de creernos que estamos solos en el universo y que nuestros actos, hechos y sentimientos no afectan a nadie más, lo cual es una gran mentira. Todos nuestros actos afectan a alguien más para bien o para mal.

Por otro lado, el "yo" no siempre está ligado al "ego", sino que en muchos casos está relacionado con "Dios", el cual es necesario al estar ligado a la divinidad que hay en ti. El "Yo Soy", el "Dios en nosotros", es importante reconocerlo y exaltarlo pues sin éste carecemos de valor, identidad y autoestima personal. **La manifestación del "Yo Soy" está expresada en el amor, la paz, la paciencia, la bondad, la caridad, la pasión, el entusiasmo, la puntualidad, la honestidad, la responsabilidad, la integridad, la fe, la paz, la dignidad, la mansedumbre, la humildad, la tolerancia, la aceptación, la confianza, la honra, el respeto, la tolerancia, la esperanza, el dominio propio, la confianza en sí mismo,** etc.

*Todos nuestros actos afectan a alguien
más para bien o para mal.*

La manifestación plena de Dios en nosotras es lo que nos hace mujeres poderosas, pues por otro lado la manifestación del "ego" nos debilita y nos hace vivir una vida sin esperanza y cargada de fracaso. Lo primero para ser una mujer plena, feliz y libre, es la manifestación plena de nuestro origen, de nuestra verdadera naturaleza. Para ser una mujer y llevar una vida que plenamente represente el legado de la grandeza, se necesita morir al "ego" y vivir plenamente en el "Yo Soy".

La grandeza se encuentra en el motivo para entregar tu vida

El día terminó y de vuelta a casa escuchó por el noticiero que una terrible epidemia empezó a desarrollarse en un pueblo de la India. Reconociendo que la India está muy lejos como para afectar a mi hermosa familia, no le doy tanta importancia. Pero en pocos días leo en los periódicos que millones de personas fallecieron y el mal ya comenzó a expandirse a países vecinos como Pakistán, Afganistán e Irán.

Personal del Control de Enfermedades de los Estados Unidos viajan de inmediato a la India para investigar la epidemia, que ya era conocida como la "Influenza Misteriosa", y pronto, ante los resultados negativos de los expertos, los países europeos deciden cerrar sus fronteras y cancelar todos los vuelos aéreos con destino a Pakistán, la India y otros países donde la enfermedad había brotado. Pero es demasiado tarde, pues las noticias anuncian que una mujer falleció en un hospital francés. A los pocos días, la incurable enfermedad arrasa casi toda Europa y empieza a ocasionar severos estragos en los Estados Unidos, país que de inmediato cierra sus fronteras y cancela todos sus vuelos internacionales.

El mundo entra en pánico y la enfermedad rápidamente invade casi todo el planeta. En mi barrio, los vecinos están alarmados por el temor que existe ante la posibilidad de adquirir la enfermedad, que no distingue sexo, raza o religión. Organizan cadenas de oración en la parroquia del barrio para que los científicos, quienes están trabajando sin parar, encuentren el antídoto. Pero nada, todo el esfuerzo es en vano.

De pronto un grupo de científicos logra descifrar el código DNA del virus pudiendo preparar la cura para la enfermedad. Para ello se requiere la sangre de alguna persona que no ha sido infectada con el virus, por lo que se nos pide a todos los ciudadanos que vallamos a los hospitales para que se nos practique un examen de sangre.

Ahora me toca ir de voluntaria con mi familia junto con otros vecinos, todos preguntándonos lo que está pasando, y si esto será el fin del mundo. De repente, un médico sale de una de las salas del hospital gritando un nombre que ha leído en su cuaderno. Alguien que está cerca de mí, dice: "¿Qué?, y el médico vuelve a gritar el mismo nombre. Un niño que está a mi lado, le agarra la chaqueta a su padre y asustado le expresa: ¡Papá, ése es mi nombre!". Antes de que pueda reaccionar, los médicos toman a su hijo de la mano y le explican que la sangre de su niño está limpia, es pura y quieren asegurarse que no posee la enfermedad.

Tras treinta largos minutos, salen los doctores y enfermeras. Uno de ellos, el que parece mayor, se acerca y le agradece al padre porque la sangre de su niño está limpia; es perfecta para elaborar el antídoto y erradicar la "Influenza Misteriosa".

La noticia empieza a correr por todos lados, y todos están gritando, dando gracias y riéndose de felicidad. Sin embargo, el doctor se acerca nuevamente al padre y a su esposa y les pide sus firmas para que autoricen a que se utilice la sangre del niño. Al leer el contrato, el padre se da cuenta que no han llenado el espacio que especifica la cantidad de sangre que necesitan tomar. Levanta los ojos y le pregunta: "¿Cuánta sangre van a necesitar?". La sonrisa del doctor desaparece y contesta: "No pensábamos que iba a ser un niño. No estábamos preparados, así que ¡la necesitamos toda!".

El padre no lo puede creer y trata de entender: " Pero... pero...". El doctor le sigue insistiendo: "Usted no entiende. Estamos hablando de todo el mundo. Por favor, firme. La necesitamos toda". El padre, desesperado, pregunta si le pueden hacer a él una transfusión de sangre, pero ellos le contestan que no hay sangre limpia para hacerla e insisten en que debe firmar.

En silencio y sin poder sentir sus dedos que sostienen la pluma en su mano, lo firma. El médico le pregunta que si desean pasar un momento con su niño antes de iniciar el proceso. Ellos afirman que "sí". Caminan hacia la sala de emergencia donde su hijo, el cual está sentado en la cama y al verlos les pregunta qué está pasando.

Toman sus manos y le dicen: "Papá y mamá te aman más que nunca y jamás dejarán que te pase algo malo". El niño sonríe seguro, pero el doctor regresa y le pide que deje al niño; es hora de empezar porque hay gente en todo el mundo que sigue muriendo. Se alejan caminando hacia el final del pasillo, dándole la espalda al hijo mientras él exclama: "Papá... Mamá... Yo sé lo que me pasará en el hospital y estoy feliz de ser el elegido para salvar a la humanidad".

Aunque esto es una ilustración y no una historia real que alguien escribió para presentar el poder del amor incondicional, la cito porque quiero que quede claro que la mayor expresión de amor es dar tu vida por otros. Ésta fue una de las enseñanzas de Jesús, al decir: "Nadie tiene mayor amor que éste, que uno ponga su vida por sus amigos". Existen muchas maneras de morir por los demás, entiendo que este comienzo del capítulo no es tan agradable, menos en un mundo donde las personas están pensando cada vez más en ellas mismas y menos en otras.

¿Quién merece tanto de nosotras?

Sé que al leer esto de entregar nuestras vidas se abre la pregunta: ¿Quién merece tanto de nosotras? Antes de abandonar este capítulo, déjame decirte en quién estaba pensando cuando comencé a escribirlo, pues no pensaba en cualquiera, pensaba en la persona más importante para una mujer: el esposo. Nos casamos con muchas ilusiones, porque soñamos con los cuentos de hadas que nos contaban cuando éramos pequeñas, pero a medida que comenzamos nuestro trayecto matrimonial, la desilusión de saber que la persona con la cual nos casamos no es perfecta y mucho menos el príncipe azul de las películas de Hollywood, comenzamos a morir con nuestros sueños de princesas y nos abandonamos en un mundo oscuro, donde no hay consuelo y con un corazón totalmente roto. Muchas expresan este sentimiento de fracaso en el abandono personal, comiendo más de lo normal, en el descuido de su cuerpo, no haciendo ejercicios, abusando de las compras, haciéndose adictas a cirugías plásticas, teniendo poco aseo, en el uso de pastillas o drogas y cuidando poco su imagen personal. Esto ocurre porque no entienden cuál debería ser su postura ante semejantes retos.

Expectativas reales traen resultados similares

Toda esposa espera mucho de su esposo, pues se ha pintado la idea de que el hombre es el protector, el proveedor, el Superman, pero esto, aunque en gran parte ha sido verdad en nuestra sociedad en su mayoría machista, también de alguna manera le ha puesto una carga muy pesada a nuestros maridos, y una desilusión muy fuerte a nosotras como mujeres, pues en la vida real ningún hombre puede llevar perfectamente a cabalidad estas exigencias.

Cuando hablaba de morir por otros estaba pensando específicamente en esa persona que Dios ha puesto a tu lado y que muchas veces se te olvida que muy adentro de esa cara de macho, de ese corazón fuerte, **de esos músculos forjados, hay un niño o simplemente un ser humano de carne y hueso, con emociones, temores, deseos, sentimientos y frustraciones.** Ningún hombre puede ser responsable de nuestra felicidad, así como tampoco nosotras somos responsables de la suya. La vida y la felicidad es responsabilidad de cada persona, de cada individuo, cada una de nosotras somos responsables de los que hacemos y de cómo vivimos. Nadie más debe llevar esa responsabilidad sobre sus hombros más que aquel a quien se le colocó; y es necesario que lo sepamos y que tomemos el control sobre esto. Nuestros esposos necesitan de nosotras; así como nosotras necesitamos de ellos, no somos un ser pasivo, somos "una ayuda idónea", "un socorro". No somos una carga, ni un mundo de exigencias, sino todo lo contrario: debemos desempeñar bien nuestro papel y lo que representamos.

La vida y la felicidad es responsabilidad de cada persona, de cada individuo, cada uno de nosotras somos responsables de los que hacemos y de cómo vivimos.

Con todo esto quiero decirte que debemos morir a nuestras falsas expectativas y creencias para poder tener el esposo que deseamos y el matrimonio que merecemos. El mismo Jesús dio este principio al decir: "Cualquiera que quiera salvar su vida, la perderá, y el que la pierde, la salvará". Este principio se aplica a todo lo que realizamos en la vida, **nada en lo que no estemos dispuesto a dejar nuestro "ego", orgullo, nuestras falsas expectativas, nuestros temores, nuestra arrogancia, envidia, celos y nuestras razones** y aun nuestra comodidad, si no echamos todo a un lado no va a funcionar.

Cierra todas las puertas de tu pasado

A lo largo de mi vida, tratando con personas, he observado que la mayoría de los individuos que fracasan en el matrimonio, empresa, negocio, iglesias y organizaciones, tienen un común denominador: dejan una puerta abierta en su pasado por si no le va bien en lo que hacen, entonces, regresan a lo que hacían. Las personas vuelven a su pasado porque saben que allí les van a recibir. Quemar las barcas es una de las cualidades más grandes del ser humano. Ésta es la enseñanza que heredamos del gran conquistador Hernán Cortés, quien quemó las barcas para que sus hombres no pudieran regresar a sus casas. Morir a ti misma es vivir sin temores, saber que lo que hacemos funcionará, y no tener duda de que, aunque no lo parezca seguimos en el camino correcto, es una clave sin precedente para que nos vaya bien en el futuro.

Quemar las barcas es una de las cualidades más grandes del ser humano.

Cuando me casé con mi "ñoño" (Wilson), muchas cosas no eran ni parecidas a las que son hoy en día. Mi esposo tenía muchas frustraciones, no creía en la honestidad de una mujer y yo tenía frustraciones en cuanto a la imagen de los hombres. **Nuestros conceptos en cuanto al matrimonio y lo que realmente queríamos en la vida estaban de "Marte a Venus",** y Wilson no parecía estar satisfecho de la persona a la cual había elegido para compartir su vida, porque los dos esperábamos algo de uno y otro que parecía que no podíamos dar. La razón por la cual no podíamos cumplir esas exigencias era muy obvia. **Una vez que una persona espera algo de alguien, ya quedó impotente para ofrecer algo. Nadie puede dar lo que espera, sino lo que ya realmente cree o sabe que tiene;** aunque más adelante hablaré más a fondo sobre la mujer y su papel en el matrimonio, ahora, en sí lo que quiero aclarar es que la mayoría de las mujeres que están infelices en su matrimonio no lo están por lo que no les dan, sino por lo que no están dispuestas a ofrecerle a su esposo.

Morir es dar antes de recibir

Hoy en día mi esposo y yo tenemos casi el matrimonio perfecto, y la razón de esto no es que lo somos, sino que aprendimos aceptarnos el uno al otro y dar lo mejor y aportar lo que tenemos y lo que somos, en vez de lo que nos gustaría que fuera. En este libro se manifiesta lo que digo, pues para mi esposo como escritor el dejarme hacer el libro a mi manera y bajo mis criterios, no le fue fácil, pero él mismo me dijo: "Quizás tu manera de hacer las cosas es la que va a traer el mayor éxito de esta casa". Yo por otro lado lo escucho, porque sé que de alguna manera él tiene autoridad en esa área, ya que sus libros han sido muy exitosos en ventas y sé que lo serán aún más.

La mayoría de las mujeres que están infelices en su matrimonio no lo están por lo que no les dan, sino por lo que no están dispuestas a ofrecerle a su esposo.

Esto es, mi querida mujer, lo que yo llamo morir. No me refiero a morir a tu vida física, sino a ese mundo de calamidad y lamento en el cual muchas veces te sumerges, a ese mundo de exigencia e insatisfacción en el cual te embarcaste, a esa vida de mediocridad a la cual te abandonaste. Esto sucedió porque creíste que habías llegado a la vida de ese hombre para recibir de él y no para aportarle. Debido a la actitud de algunas mujeres sobre este tema, muchos hombres han desarrollado mecanismos de autodefensa sobre la mujer, diciendo expresiones tales como: **"No hay quien entienda a las mujeres"**, o **"la mujer es como un pozo sin fondo que no hay quien lo llene"**, o **"la mujer es como la serpiente o como el gato"**. Mi cuñado de manera jocosa le decía a mi esposo "Si la mujer tiene una idea, usted puede hacer dos cosas cortarle la cabeza o dejarle la idea" Tú dirás: "Pero son simples chistes". La verdad es que son más que eso, son expresiones populares usadas para etiquetar a la mujer. Una etiqueta que hemos dejado que la sociedad masculina nos ponga y la mayoría de veces tiene que ver con el machismo, pero también con esa mujer que no sabe cuál es su lugar, ni cuál es su identidad. **Tomar tu lugar es reafirmar tu identidad y esto es brillar con luz propia.**

Formas de morir

Para que nazca una flor es necesario que muera un capullo, para que nazca una mariposa es necesario que muera una oruga, para que nazca un lingote de oro debe morir una piedra, para que nazca un diamante debe morir un carbón y para que nazca un árbol debe morir una semilla. La grandeza está estrechamente ligada a la muerte, pero cuando hablo de muerte, estoy hablando de dejar atrás métodos, creencias, hábitos y sentimientos que estorban y que no nos dejan fluir libremente en lo que realmente debemos ser, actuar o alcanzar.

Cuando le puse a este capítulo "Lo primero es lo primero" estaba pensando en esto, en cosas que son pequeñas, pero que a la vez son la plataforma para la grandeza. Nadie construye un gran edificio sin haber puesto primero un cimiento cargado de arena; la vida en todo lo que queremos edificar es igual. ¿Quieres tener un buen esposo, quieres tener una buena relación, quieres que el hombre que está a tu lado te respete? Si anhelas todo esto, toma en cuenta estos principios tan básicos como el de declarar bendiciones en la vida de un hombre que quizás tú sientas que no lo merece, orar por él para que sus caminos vayan en pos de su propósito y no se extravié en la vida. Esto implica cierto sacrificio de tus emociones y muchas veces de tu tiempo, al detenerte y pensar en él. Aunque este tiempo es relativamente pequeño, la mayoría de veces es "el sacrificio", pero no tiene tanto que ver con el sacrificio en sí, sino con la sumisión de las emociones y con aprender a ceder las razones a alguien que no siempre creemos que lo merece. Pero para una esposa triunfadora es requerido entender que el bienestar del esposo, es el suyo también.

Son muchas las cosas que un hombre quiere escuchar de su esposa. Decir lo que a veces no deseamos y no decir lo que queremos en muchas ocasiones es también una manera de cómo podemos morir por amor a él. Las siguientes declaraciones pueden levantar la autoestima de tu esposo:

❖ Eres maravilloso.

❖ Confío en tus decisiones.

❖ Creo en ti.

❖ Estoy orgullosa de ser tu esposa.

❖ Contigo voy al infinito y más allá.

❖ No quiero ir al centro comercial hoy, deseo ahorrar. Haciendo un paréntesis, debo decir que esta última frase es la que más le gusta a mi esposo (es realmente buena). ¡Pero detente!, en realidad lo digo en broma para robarte una sonrisa. Sólo espero que Wilson no vea esto y que tú no se lo digas. No lo vayas a tomar en serio, lo digo para reírnos un rato.

Bueno, fuera de toda broma, aunque sé que el tema no nos gustó a todas, yo conozco unas palabras que sé que a todos los hombres les gusta escuchar y que lo harán sentir honrado, respetado y más que todo amado. Esta frase es:

❖ Hoy estuve orando por ti.

La oración toca de manera positiva el corazón de todo aquel por el cual oramos, aunque tu esposo no sea un creyente, puedes orar por él. Por otro lado, hay momentos cuando es mejor callar que hablar, especialmente cuando estamos desilusionadas o enojadas.

Palabras que no debería usar con él:

❖ Yo te lo dije.

❖ Tú siempre cometes los mismos errores.

❖ Si no fuera por ti, podríamos vivir una mejor vida.

❖ Tantos hombres que estaban enamorados de mí y vine a casarme contigo.

Muere de verdad, muere

Este subtítulo es algo intrigante, pero en verdad lo que quiero resaltar es que muchas mujeres decidimos odiar en vez de amar y la razón es porque preferimos seguir alimentando nuestro pasado. La vida consiste en amar, todo lo que tiene vida viene de una expresión de amor. Éste fue el poder que Jesús vino a enseñar y el cual muchos han imitados. Cuenta la historia que la Madre Teresa de Calcuta limpiaba con sus manos las llagas de los necesitados, pero no lo hacía pensando en la grandeza que obtendría en el futuro ante los gobernantes o los premios que podría recibir de esta gente, pues no tenían nada que darle. Sin embargo, en la actualidad ella es una mujer reconocida en todo el mundo.

La vida consiste en amar, todo lo que tiene vida viene de una expresión de amor.

El amor hace que la comida que cocinamos tenga un mejor sabor, que el niño que criamos tenga un mejor carácter y que el esposo que Dios nos dio sea más exitoso, dichoso y feliz. La descripción más exacta de Dios es el amor. El Creador de todas las cosas le inyectó la misma esencia a su creación. Toda la creación debe ser alimentada por este principio. El amor no es una emoción pasajera. El amor es un principio que al aplicarlo se transforma en un poder capaz de sanar, obtener fortuna, restaurar y dar fertilidad a todo lo que hacemos y tocamos.

Una vez un doctor de la Ley se le acerco a Jesús y le preguntó: "Maestro, ¿cuál es el primer y gran mandamiento?". Jesús le contestó: "Amarás a Dios sobre todas las cosas, y el segundo es semejante a éste: amarás a tu prójimo como a ti mismo". Muchos que se tildan de religiosos se les olvidas este gran principio, no entienden que el centro de todas sus enseñanzas es el amor. Juan lo expresó de esta manera: "El que no ama, no ha conocido a Dios, porque Dios es amor".

Cuenta una leyenda que una joven se enamoró perdidamente de un joven, pero todos los que conocían al muchacho le aconsejaban que no se casara con él. Para las personas de la ciudad, este joven no era de confiar, sus antecedentes no eran muy buenos y todos estaban seguros de que dañarían la vida y el destino de ella si se casaban. Ella no escuchó y se casó con él, no podía imaginarse viviendo sin el hombre que amaba, sin aquel que le había robado su corazón y que para ella era el mejor hombre de la tierra. **Quiero aclarar en este momento que no participo de la idea de que el amor es ciego,** muchas mujeres se esconden en esa idea y se olvidan de que las ciegas son ellas cuando nos casamos con alguien que no deberíamos. Cuando de matrimonio se trata, debes elegir un hombre no sólo porque te cayó bien o porque piensas que es el hombre de tu vida, sino que también debes ver otras cualidades que más tarde te mantengan unida a esa persona, **porque, aunque el amor es la fuente de toda felicidad, no es fácil ser feliz al lado de un ofensor o de un fraude.**

Lo otro que te quiero enseñar es que el amor es igual a cualquier otra emoción y sentimiento que la mujer maneja, y que éstos son gobernados por ellas mismas. Las mujeres que aman no están sujetas al amor, al contrario, el amor está sujeto a las mujeres que lo poseen y éstas están en toda facultad de elegir a través de la razón con quién desean pasar el resto de sus vidas.

El hombre de la historia pronto comenzó a causarles problemas a aquella mujer y a los demás. Un día mientras ellos dormían, la puerta fue tirada al piso por la policía del pueblo, éstos tomaron al hombre a la fuerza y se lo llevaron. Habían cometido un crimen en la ciudad y él era el sospechoso principal. Ella sabía que no había sido él, porque había estado a su lado a la hora que las autoridades decían que el crimen fue cometido, pero nadie le creyó. Finalmente, el fiscal preparó un caso y el hombre fue condenado a la pena de muerte.

Llegó el día de la ejecución y aquella joven mujer estaba desesperada, éste no había sido el mejor hombre del mundo, pero era el hombre que amaba y no lo podía ver en esas condiciones. Era un hombre joven y con mucho futuro por delante, además, aunque ella sabía que muchas veces él no se portaba como el hombre que una mujer pudiera desear, no había cometido ese crimen. Su esposo podría ser lo que fuera, menos un criminal. Lo sabía y lo sentía en su corazón.

En el día de la ejecución ella estaba presente, era en la plaza principal del pequeño pueblo, allí exhibían los delincuentes condenados a morir. Algunos lo escupían y otros lo injuriaban, algunos le tiraban objetos y otros lo amenazaban. Llegó la hora de la ejecución y los soldados tomaron posición de disparo. Todas las autoridades de la ciudad estaban presentes para presenciar la condena, esto incluía al gobernador. Los soldados sólo esperaban el sonido de la campana, la cual anunciaría la orden para apretar el gatillo y disparar, pero ésta no sonó. Todos los soldados esperaron por el hombre que debía hacer sonar la campana, pero no se escuchó ningún sonido. De repente se escuchó la voz del gobernador que preguntó: "¡Hey! Campanero, ¿qué espera para hacer sonar esas campanas?".

El campanero que era ciego, le contestó: "Yo estoy halando la soga, pero no sale su sonido". Entonces, todos corrieron para poder ver mejor y enfocar su mirada en el campanario. Al mirarlo, se enteraron de lo que realmente estaba ocurriendo: había una mujer parada entre los barrotes donde la campana debía pegar para emitir su sonido. Se podía observar la frente de la mujer, que estaba justo en medio de la campana y los barrotes, la cual se estaba desangrando, pues cada vez que el ciego campanero halaba la soga, la campana golpeaba en su frente. Todos paralizados se quedaron mirando la escena de horror que salía de la frente de aquella mujer la cual empezaba a destilar un río de sangre.

El gobernador interrumpió con una voz firme: "Traigan a esa mujer". Inmediatamente bajaron a la mujer del campanario, la cual mantenía su cabeza firme mirando al gobernador. Éste la miró y luego le dijo: "Explique aquí a todos por qué ha hecho eso, ¿no sabe que interfiere con la ley y esto en nuestro país se paga con la pena de muerte?".

La mujer sin llorar, ni quejarse y sin pedir excusa, le expresó al gobernador: "Señor gobernador, la ley de este país, que debe proteger a los ciudadanos, quiere quitarme lo único que tiene importancia para mí, ese hombre es el amor de mi vida y es el que elegí para vivir toda mi vida, sé que tiene un record delictivo y que muchas veces hasta ha descargado su ira conmigo, pero la mayoría de las veces se ha arrepentido de su ofensa y me ha pedido perdón. Él me prometió que cuando nos casáramos no le haría daño a nadie, y aunque ha sido poco a poco su cambio, he visto su gran esfuerzo. Si van a matar a alguien, es mi petición que sea a mí, pero si no puede ser a mí sola, que nos maten a los dos. Yo estaba frente al campanario porque entiendo que al sonido de la campana le darían la muerte a mi esposo y yo prefiero el dolor mío, que la muerte suya. Créame, señor gobernador, si no hubiera visto su deseo de cambiar, si no hubiera visto su cambio paulatinamente, si no hubiera sabido que él no mató a ese hombre, no lo defendería, pero sé que no lo hizo y sé que será el hombre que siempre soñé, por eso daría mi vida por la suya".

La mujer hizo silencio y el gobernador se sumergió en un profundo pensamiento, cuando de repente todo el pueblo comenzó a aplaudir y a gritar: "Perdónenlos, perdónenlos, perdónenlos". Fue entonces cuando el gobernador levantó su mano y les dijo a los guardias: "Suéltenlo, porque ella ha ganado su perdón". La mujer corrió al hombre que acaba de ser perdonado y ambos se abrazaron en un profundo sentir de amor. No hay palabras para expresar lo que ambos sintieron, no hay escritor ni poeta que lo pueda expresar.

Ambos se fueron a su casa con una sonrisa pintada en su rostro, mientras todo el pueblo los saludaba con una sonrisa de satisfacción. Los días pasaron y el hombre ya no era el mismo, ahora se había transformado en un hombre gentil, cordial, amoroso, honesto, responsable, íntegro y respetuoso con ella y con los demás. Un día mientras estaban a punto de dormirse, ella lo miró y le dijo: "Mi amor, veo que eres un hombre cambiado, y que tanto a mí como a la gente tratas con tanta diferencia. Me gustaría saber qué te ha pasado, ¿fue el temor de morir lo que te hizo reflexionar?". A lo que él respondió: "No mi amor, hasta el momento de mi inevitable muerte estaba lleno de odio y dolor contra todos, aun contra ti, que eras la persona más importante y cercana que tenía. Pensé que el mundo me había dejado solo y que al final la vida nunca me trataría algún bien, pero cuando tú hiciste ese acto de amor por mí, mi corazón se rompió y mi conciencia despertó a la realidad de lo que es Dios, la vida, el mundo y el propósito de mi existencia. Todo esto tiene que ver con lo que hiciste, y cuando te veo, siempre pienso que, si tú me amaste tanto, a punto de estar dispuesta a dar la vida por mí, ¿por qué no amarte para siempre? Ahora, cuando deseo hacerle daño a alguien en el mundo, sólo pienso en eso, que, si tú me amaste de esa forma, ¿cómo no amarte?". Después de hablar, los dos se unieron en un fuerte beso de satisfacción y se amaron.

Entiendo que esta historia podría parecer un poco "cursi", y por otro lado muy irreal, pero es una buena ilustración para presentar lo que he visto a través de los años: las personas que se entregan para amar sin reservas y que saben que alguien los amó primero, aquellas personas que saben que alguien pagó con su muerte todo lo que ellos necesitaban y que ahora es **todo felicidad, libertad, economía, trabajo, crecimiento, progreso, salud y libertad,** éstas están dispuestas a desbordarse dando amor puro a los que les rodean. Si no lo sabías, quiero decirte que Dios te amó primero y cuando dejas desbordar ese amor sobre otros, todo cambia para bien.

Aprender a amar desinteresadamente no es una tarea fácil ni sencilla, es contraria a nuestra naturaleza egocéntrica y es por tal razón que tenemos una vida para crecer en esto. El amor no se aprende en aislamiento, necesitamos estar rodeados de personas insoportables, imperfectas y molestas. Como mujer necesitas aprender que el mejor uso a la vida es amar. El amor debe ser tu prioridad, tu objetivo y tu mayor ambición. Darse sin esperar una recompensa es pensar como

Dios piensa. Amar no es una buena parte de tu vida, es la parte más importante. La vida sin amor no tiene sentido. Pero para amar también hay que morir, porque amar de verdad requiere morir de verdad al orgullo.

El amor debe ser tu prioridad, tu objetivo y tu mayor ambición.

Cuando mueres a la soberbia, nacen las relaciones

Toda mujer soberbia dice frases como éstas: "Yo no daré mi brazo a torcer; yo no perderé mi derecho; yo no me sacrifico por nadie, ni por nada; yo no me le quedo callada a nadie; yo no me someto a ningún hombre nacido de mujer". "Yo no" es la frase clave para este tipo de mujeres, que pierden de vista lo importante que son las relaciones. Lo que se debe buscar es tener una vida saludable con el esposo, con los hijos, con los compañeros de trabajo y con los demás, pero si no consideramos hacerlo con el esposo que está a tu lado, dudo que ocurra con otros que están lejos.

En el decálogo de la Ley dada por Dios a los judíos en el Monte Sinaí, encontramos que cuatro de los diez mandamientos se referían a una relación con Dios, mientras que los seis restantes se referían a una relación con las personas, pero más allá de esto los diez están estrechamente ligados a las relaciones. "Amar al prójimo como a ti mismo es el segundo y gran mandamiento", pero no es el primero, porque el primero es "amar a Dios sobre todas las cosas". Porque si tú no sabes que tienes un Padre celestial que te ama, ¿cómo podrás amarte? Y si no te amas, todo lo que des estará dañado. Cuando digo que amar a Dios debe ser tu primer propósito, no estoy hablando desde una mentalidad religiosa, ni de pobreza, entiendo lo importante que es obtener logros personales y lo bueno que es vivir una vida de abundancia, pero si no tenemos un claro concepto de lo que somos, no podremos darle al mundo algo que tenga verdadero valor.

Una mujer completa pones prioridades en su vida:

❖ Dios.

❖ Esposo.

❖ Hijos.

❖ Crecimiento personal.

❖ Trabajo.

Lo más importante en tu existencia son las relaciones, no los logros o adquisiciones de bienes. Esto lo digo porque tal como está expresado arriba, si tus relaciones están bien y en el orden correcto, todo lo estará. En los momentos que nos concentramos sólo en nosotras y en nuestros quehaceres, sin pensar en nada más, afectamos el tiempo que le dedicamos a la relación con nuestros hijos, con Dios y, peor aún, la que le dedicamos a nuestros esposos. Como esposa debes saber que el esposo es tu principal prójimo, pues es él quien está más cerca de ti. Es importante que lo apoyes en sus proyectos, decisiones y ambiciones personales. Hacer esto no te desvalúa como mujer, sino todo lo contrario, esto hará sentir a tu hombre realizado y como resultado tendrás un mejor esposo, un hombre más feliz y un mejor amante.

Esto es lo que te he tratado de enseñar. No es discutiendo o buscando razones que vas a trasformar a tu marido en el hombre que deseas. Es muchas veces callándote cuando hay que callar, es apoyándolo como mujer idónea, es amándolo, es haciéndole sentir que tú no eres su carga, ni su pesadilla, es entregándolo todo a cambio de nada. Tú me dirás: "¿Y eso no es masoquismo?", claro que no, **yo no estoy aquí hablando de una mujer que se deja maltratar o abusar. Estoy hablando de amar sin reservas,** de entregarlo todo, porque sabes que en la vida te va a ir bien haciéndolo de esa manera.

Creo que se trata de morir a todas tus razones para llegar a algo más sublime y extraordinario. Si lo logras, estarás entre las estadísticas de las mujeres y los matrimonios más felices. De lo contrario, seguramente estarás disputándote y luchando por el derecho de ser feliz que ya te pertenece.

No es masoquista la mujer sabia que apaga la ira con su lengua blanda, la mujer que calla cuando ve que no es el momento de hablar, la mujer que prepara los alimentos para su esposo sin reclamos y sin exigencias, la mujer que cuida los hijos sin esperar un salario, la mujer que aporta en la casa entendiendo que el matrimonio es una empresa de ambos, **la mujer que está dispuesta para su marido en el momento de la intimidad y abandona las excusas y las frustraciones del pasado para hacerlo plenamente.** Todo lo contrario, una mujer así es dichosa, es virtuosa, es sabia y es una reina.

En los tiempos antiguos sólo los hombres tenían derechos, las mujeres no representaban mucho, pero había mujeres sabias como Ester, que supo ganarse el derecho de hablar ante el rey, de defender a su pueblo, de hacer que el rey la honrara y la amara. Esta mujer reinó y no lo logró a la fuerza, ni con orgullo, como Basti, sino con sabiduría, con amor, con paciencia. Ester tuvo tanto poder sobre su esposo, el rey Asuero, tanto poder tuvo sobre él, que éste un día le dijo: "Pídeme lo que tú quieras, hasta la mitad del reino te daré". Esto lo dijo el rey después de que Ester estuvo con él en un gran banquete que ella misma le había preparado. Una mujer que sabe cuál es su lugar, siempre reinará al lado de su esposo, pero una mujer que desconoce esto, siempre se dejará llevar por la corriente de los que levantan pancartas de machismo o feminismo, y quedará sola y en la menor de los casos, amargada.

Morir a tus viejas creencias y morir a las creencias que ofrecen aquellas que han vivido en desamores y en fracaso, es una gran idea, porque sólo vive el que muere. Si quieres ser una mujer que cumpla un propósito grande, ya sabes que lo primero para la trasformación es morir, porque antes de tener algo bueno y duradero, hay que trabajar duro para forjarlo y en el camino de hacerlo nos encontramos con la muerte, que es el primer paso a la transformación. No se puede tener algo diferente haciendo lo mismo que hace todo el mundo. Si te gusta cómo va todo, entonces bien, pero es necesario que reconsideres tu postura y tus creencias sobre la mujer, la vida, los hombres, el matrimonio y la crianza de tu hijo, para darle lugar a un nuevo nacimiento. Y así como la oruga se vuelve una hermosa mariposa, de la misma forma que tú puedas renacer de lo ordinario a lo extraordinario. Recuerda que no se puede tener una buena vida con malas actitudes y con malas emociones. Aprende a amar, a perdonar, a dar las gracias en todo, a dar a cambio de nada, a amarte y a valorarte a ti misma como mujer. Éste no es un camino que te lleva a la felicidad, ésta es la felicidad.

Una mujer que sabe cuál es su lugar, siempre reinará al lado de su esposo, pero una mujer que desconoce esto, siempre se dejará llevar por la corriente de los que levantan pancartas de machismo o feminismo, y quedará sola y en la menor de los casos, amargada.

VIII

Guarda tu corazón

Mientras impartía unas conferencias para mujeres sobre las creencias y las ataduras del pasado en el Estado de Georgia, una joven se me acercó y me dijo: "Todo lo que dijiste está muy hermoso y hasta motivador, pero la realidad es que la vida es diferente y yo no creo nada de nadie. No se puede creer en la gente y mucho menos amar, pues cuando tú amas o confías en alguien, las personas se aprovechan y te hacen sufrir y yo no quiero volver a pasar lo que ya he pasado".

Cuando yo hablo de cuidar el corazón, tienes que entender a qué le decimos corazón. **Le llamamos corazón a las facultades cognitivas de la mente capaz de manejar las emociones, la imaginación, los pensamientos, el entendimiento, el raciocinio y la percepción.** Cuando el corazón se daña, las personas se incapacitan para estas cualidades. Hay una realidad en esta tierra y es que la mayoría de las personas no saben que son amadas y no saben que no están solas en el universo. Los seres humanos estamos entrelazados unos con otros, estamos conectados y esto tiene su origen en que todos somos parte de una sola fuente y nos alimentamos de ella. Jesús lo enseñó de esta manera: "No os dejaré huérfanos; vendré a vosotros. En aquel día vosotros conoceréis que yo estoy en mi Padre, y vosotros en mí, y yo en vosotros".

La gente dice: "¡Qué importa lo que yo haga, la vida es mía y hago con ella lo que quiera, pues al final si me hago daño sólo yo lo sufriré!". Esto no es verdad, cuando yo me hago daño, el mundo es dañado conmigo. Esto es como el cuerpo humano, es imposible que un órgano del cuerpo sea dañado y que los demás permanezcan sin sentir nada o sin sufrir alguna incapacidad. Esta enseñanza trata sobre la verdadera identidad, yo creo que, sin una identidad clara, sin un conocimiento de dónde venimos, cuál es nuestra pertenencia y a dónde vamos, viviremos dañados por todo lo que pasa en este mundo con tantos obstáculos y tantas teorías sin sentido.

Sentido de abandono

Son muchas las mujeres que se sienten solas y abandonadas, pero: ¿Dónde nace el sentido de abandono? ¡Buena pregunta! Para contestarla tenemos que saber cómo nacemos nosotras y cómo nos hemos desarrollado. Por un largo tiempo el hombre habló de un universo donde el planeta tierra era único en su clase y donde sólo el hombre de este planeta tenía el privilegio de la existencia. Esto causó una sociedad dañada y sin esperanza, muchas personas en depresión y otras con un sentido de soledad y abandono, lo cual llevó a muchas a la muerte. Pero hoy en día los científicos y los hombres de estudio han dado un giro a esto y muchos, aunque no lo han probado científicamente, dicen "que hay varios universos y que hay universos separados, que el 95% de lo que no se ve, es una realidad y que hay seres en otros mundos". No es exactamente de eso que les quiero hablar, ya que lo que me interesa presentar en esta introducción es que el hombre no está solo, y que ese conocimiento no es algo nuevo. La clave aquí es la seguridad de que no existimos al azar. Pienso que cuando una persona no sabe de dónde viene y quién es su creador, sufre de muchas decepciones, porque espera en las personas lo que debería esperar en Dios y si no tiene a nadie al lado, siempre se sentirá solo.

El hombre nació de una fuente y cuando se separó de la misma, quedó con un vacío en su mundo espiritual interno que sólo puede volver a llenar cuando regresa a la misma fuente. El sentido de abandono daña el corazón porque causa un sentir de soledad, depresión y ansiedad, lo cual lleva a la locura o a la insensibilidad. Un ejemplo es cuando ves una mujer que parece que nada le preocupa, o que nadie merece la compasión de ella. Es muy probable que esta persona sufriera un daño en lo que ahora lo manifiesta como un área insensible.

La soledad no es un evento externo, sino interno.

Hace un tiempo, mientras iba viajando con mi esposo, una joven amiga me llamó con muchos problemas. Estaba muy deprimida y lloraba constantemente, para ella la vida había perdido su sentido y se veía como un ser insignificante, con un pasado marcado por el sufrimiento, lleno de decepciones y que le causaba un dolor que le había penetrado hasta los huesos. Ella sentía un malestar que parecía que no se le iba con nada. Si tú conoces nuestra Casa, sabrás que ayudamos mucho a las personas a encontrar su identidad y a dejar atrás los rencores y dolores causados por el abandono. Nuestro fin es que la gente encuentre la felicidad en un propósito. Pero a esta joven, nada de lo que se había hecho por ella la había apoyado. Su problema no estaba en la soledad y en el abandono que experimentaba externamente, sino internamente. **La soledad no es un evento externo, sino interno.**

La necesidad del cambio

La verdad más importante es ésta: Las personas no podrán cambiar por estar en un buen lugar, leer un buen libro, asistir a una buena iglesia, o por ir a un evento de transformación, sea cual fuere, aunque esto es el inicio de un cambio y es necesario que se haga, ya que la conciencia despierta con la información. Pero siempre que una persona ha sufrido el abandono de sus padre, el rechazo constante de un ser querido o a incurrido en algunos vicios, es necesario que sea consciente del daño psicológico que esto le ha causado, y que entre en un proceso de sanidad y cambio.

El cambio no se logra en un día, se logra en un diario caminar. Muchas personas al verse impactadas por un libro, evento o una iglesia en particular, creen que toda su vida está resuelta. Esto ha causado que muchas personas llenas de dolores internos y escondidos se escondan en algún tipo de actividad o acción caritativa, tratando de probar que son algo que en realidad no son. Si tú no eres capaz de caminar cada día sin desmayar, siguiendo el camino de los cambios que te has propuesto en el corazón, renovando la mente y transformándola con el poder de un entendimiento sublime, nunca lograrás tener la vida feliz que quieres. Todo lo contrario, te introducirás en tu nueva vida, iglesia, organización, matrimonio y trabajo, para esconderte y seguir engañándote. Usarás éstos como un mecanismo de escapatoria. Vestirás una nueva ropa, te darás un nuevo aspecto, pero el interior seguirá podrido y nadie podrá hacer algo para ayudarte.

El cambio no se logra en un día, se logra en un diario caminar.

Déjate ayudar por alguien, deja que el Creador te hable a través de tus hermanos, de sus hijos, de tantos ángeles que caminan en la tierra como seres humanos, gente que te ayudará a dar un paso en ascenso, en vez de descenso. Dejándote conducir, dejando que los demás te ayuden a mejorar y abriendo tu corazón al crecimiento y al cambio, podrás creer que todo existe para que tengas una vida mejor; y ésta es una gran manera de cuidar el corazón, pues el corazón se daña cuando no podemos aceptar nuestra vida y los acontecimientos de la misma. Recuerda que debes cuidar tu corazón, porque de éste viene la vida.

El mejor regalo de la vida

El mejor regalo que una madre le puede dar a sus hijos, es un corazón lleno de amor. Tu das lo que posees y si tu corazón está lleno de ternura, el corazón de tu hijo también la estará. Pero también yo estoy escribiendo para mujeres que nunca tuvieron padres, éstos muchas veces estuvieron vivos, pero fue igual que no tenerlos. A estas mujeres les quiero citar el siguiente texto de las Escrituras: "Con amor Eterno te he amado, por eso te sigo con felicidad". La felicidad es el estado mental más cotizado y no es fácil para una persona herida asimilar el término felicidad. Como la gente da lo que tiene, el Padre Dios sólo da felicidad porque está lleno de la misma.

La imaginación y la transformación

Se ha probado que la mente tiene mucho poder y que la cualidad de la mente más poderosa es la imaginación, ya que la realidad y la fantasía tienen el mismo poder en la mente subconsciente. La visualización de lo que queremos, en vez de lo que no queremos, es vital para mantener una mente saludable (un corazón saludable). A continuación, te estaré dando un ejercicio para ejercitar tu corazón hacia una visualización sana, que te ayudará a desarrollar una destreza mental para ver lo bueno y agradable en vez de lo contrario. El apóstol Pablo lo expresó así: "Todo lo que es verdadero, todo lo honesto, todo lo justo, todo lo puro, todo lo amable, todo lo que es de buen nombre; si hay virtud alguna, si algo digno de alabanza, en esto pensad". Éste es el poder que tenemos para llegar a una sanidad interna; el enfoque de lo bueno aumentará nuestra fe hacia la dicha y felicidad.

Deja que el corazón sea sanado

Esto es lo que quiero que hagas, ponte cómoda, porque ahora vamos a entrar a un estado de relajación mental. Éste es un ejercicio que tú puedes usar todos los días con la finalidad de enfocar una buena relación con tus padres y sanar toda raíz de amargura que haya en tu interior. Recuerda que no pretendo forzarte hacer algo que no quieras, también deseo dejar claro que ahora lo que usaremos es una técnica de relación y enfoque, pero si no quieres seguir con ese dolor, será mejor que me acompañes en este ejercicio. Pues la mente sólo puede ser transformada con el entendimiento: "Y renovaos en el espíritu de vuestra mente, y vestíos del nuevo hombre, creado según Dios en la justicia y santidad de la verdad. Por lo cual, desechando la mentira, hablad verdad".

Muy bien, lo que harás es tomar unos diez minutos para pensar en la vida que deseas tener en los próximos cinco años, no seas mezquina en tu imaginación y piensa en todos los detalles: casa, automóvil, hijos, esposo, trabajo, felicidad, amigos, etc. Te motivo a que lo hagas, porque no se trata de cambiar a los demás, sino de inspirarlos.

Encontrando el camino correcto

El corazón es eje y centro de la vida. Es el lugar donde se encierran todas nuestras pasiones, sentimientos, pensamientos. Por eso debemos de guardarlo y cuidarlo. El corazón no es totalmente confiable, pues a veces está dañado, aunque muchas personas dan un mensaje diferente al decir:

❖ Dale rienda suelta a tu corazón.

❖   Haz lo que sientes: excesos sexuales, consumo de drogas, relaciones maritales sin compromisos tras relaciones, etc.

❖   Sigue lo que dicta tu corazón.

❖ ¿Qué es el corazón?

La palabra corazón viene del griego *Kardia*, de ahí que la ciencia que estudia el corazón (el músculo) se llama Cardiología. **En la Biblia encontramos muchos ejemplos que se refieren al corazón, pero no refiriéndose** al músculo en sí, sino al Centro del entendimiento, la voluntad y el lugar donde se toman las decisiones. El corazón es el centro de las emociones. El núcleo de nuestro ser, la esencia de lo que somos. Es el lugar donde nuestra mente y voluntad, y nuestras emociones y convicciones se unen para darle forma a lo que creemos y hacemos. Nuestra conducta está determinada por lo que se encuentra en nuestro corazón.

Mediante una fácil transición, esta palabra vino a significar toda la actividad mental y moral del hombre, incluyendo tanto sus elementos racionales como emocionales. En otras palabras, se usa el corazón de manera figurada para denotar las corrientes escondidas de la vida personal.

La pregunta es: ¿Cómo está tu corazón?

❖ Tus amigos pueden ver tu rostro, pero no tu corazón.

❖ Tus líderes, hijos, esposo, hermanos, pueden ver tus acciones, pero sólo Dios ve tu corazón.

Pregunta: ¿Qué hay en tu corazón? ¿Qué está saliendo de él?

La urgencia de guardarlo

¿Qué guardas o cuidas mucho?

El ser humano tiende a guardar cosas y a apegarse a ellas.

De las cosas materiales y físicas. ¿Qué guardas?:

El **dinero,** por ejemplo, lo ponemos en el banco en cajas de seguridad, en cuentas de ahorros, en certificados de ahorro, en bonos, aun en las carteras o en las bolsas.

Las **casas** las pintamos, les hacemos remodelaciones, les añadimos cosas para que tengan más valor.

Los **muebles** los sacudimos, limpiamos, les pasamos la aspiradora y tratamos que se mantengan en perfectas condiciones.

Los **automóviles** los lavamos, los enceramos, les compramos accesorios, como llantas nuevas, estéreo, hasta cámara si no la traen incluida. Les hacemos cambio de aceite, los chequeamos y si son como el automóvil del esposo de mi cuñada, los cuidamos hasta de la nieve.

Las **joyas** las aseguramos, las colocamos en caja de seguridad, las mandamos a limpiar al joyero cuando están opacas o se les cae un diamante.

Con las **ropas** andamos buscando el mejor jabón para que no pierdan su color, al comer somos cuidadosos de no dejarle caer grasa.

Pero... ¿Y tu corazón?

Por lo que ya hemos visto, hay un inminente peligro si descuidamos el corazón y dejamos puertas abiertas a las malas influencias y decisiones.

Al mirar atrás en el tiempo, te invito a que hagas un recuento de todas las personas que caminaban a tu lado en el trayecto de la vida o que emprendieron contigo algún proyecto, pero que ya no están. Al darte cuenta de esto, te preguntarás: ¿Qué pasó? Te digo qué es lo que sucedió: en la mayoría de los casos decidieron no guardar su corazón y se desalentaron.

Te preguntarás cosas tales como:

¿Qué le pasó a Pedro, que abandonó la compañía?

¿Qué le sucede a Cristina, que abandonó su hogar?

¿Qué le sucede a Claudia, que cambió su forma de pensar y de vestirse?

¿Por qué está con esas personas que la apartan de su visión y propósito?

¿Por qué Manuela está cambiando su conducta y su forma de hablar?

Es que hemos comenzado a recibir señales de una sociedad y un sistema que está condicionado para alejarnos de los seres que amamos, que nos desvía de nuestros objetivos y nos enfrenta contra Dios. Todo esto comienza al hacer surgir desde afuera lo que hay dentro. Por eso, sobre toda cosa que tú guardes, guarda tu corazón; es urgente, debe ser una prioridad en tu vida, cuidar tu corazón.

El verbo guardar que se utiliza en este consejo bíblico, da la idea de vigilar, custodiar, poner a salvo, sitiar. Porque hay un inminente peligro al acecho. Ven conmigo a esta pequeña historia donde te mostraré lo que hace rato vengo hablando a tu corazón en este capítulo.

Lo interno es lo único que contamina o sana lo externo.

La señora Carmen cierto día salió de su casa a un bosque que estaba a unas cuantas cuadras de su hogar. En ese lugar busca en su interior y allí comienza a pensar en todo lo malo que ha pasado en la vida y cómo hasta sus mismos padres le fallaron y la abandonaron **(cuando hablo de buscar en el interior, lo hago con la intención de que entiendas que todos los cambios se producen en el mismo y que lo interno es lo único que contamina o sana lo externo).**

Cuando Carmen busca en su interior, su corazón le comienza a doler por tantos malos recuerdos y eventos tristes del pasado, pero ella sigue cautelosamente buscando más y más profundo. Mira uno a uno todos esos golpes, palabras, rechazos, maltratos y amarguras que están escondidos en algún lugar muy profundo de su corazón. Ahora que logra identificarlo, comienza a llorar desconsoladamente, mientras exclama: "¿Por **qué, por qué?**". En medio de su sufrimiento y dolor, el cielo se abre y una luz impacta el lugar donde está, es una luz brillante, tan brillante que sólo la puede resistir porque tiene los ojos cerrados. Ella ve que por esa luz está bajando lo que ella asimila como su Creador, pero tiene figura de un ángel. Él viene y en su mano trae un cesto para la basura, el cual trae un letrero que dice: "Echa aquí todos tus desperdicios del alma". Inmediatamente Él se acerca y con una sonrisa en los labios, la cual la hace sentir cómoda, le acerca el cesto para que allí tire sus desperdicios. Con un aspecto que irradia paz, Él lo coloca cerca de Carmen, y ella comienza a buscar cada desperdicio dentro de su ser. Cada uno de ellos tiene un nombre, están pegados en las vísceras y en los órganos vitales. Por ejemplo, en el corazón encuentra "abuso y violación", en el intestino "rechazo", en los riñones "palabras ásperas y amargas", en el hígado "cansancio y soledad", en el estómago "traición, soledad, tristeza, abandono, ansiedad, temor y preocupación", y en la vesícula aparece la imagen de una pequeña niña huérfana.

Los nombres siguen apareciendo y cada uno de ellos le trae un recuerdo, un dolor, una frustración. Hace poco un médico le había diagnosticado a Carmen algunas enfermedades por causa de los mismos dolores internos. El ángel que ahora está cerca y sonriendo, le entrega un bisturí y ella comienza a cortar cada una de estas experiencias negativas. Algunas de éstas, al ser tratadas, comienzan a sangrar, pero con las manos del Servidor celestial todo comienza a cicatrizar tan rápido que en menos del tiempo que se imagina, el mal ha sido erradicado. Carmen cree en su sanidad, pues ella leyó un texto de la Biblia que contiene la promesa: "Por sus heridas tú fuiste sanada".

Otros males van saliendo conforme algunas heridas ya han sanado. Finalmente, toda su tarea de limpieza a terminado y ahora todos los desechos quedaron en el cesto de la basura. El ángel se mueve con éste y emprende vuelo hacia las nubes, mientras ella ve cómo se aleja y cómo desaparece en las nubes. Cuando Carmen se queda sola, le viene un pensamiento de preocupación, pero le vuelve a la mente otra promesa: "Echad todas nuestras ansiedades sobre Él, porque Él tiene cuidado de nosotros".

Se queda en la misma posición y en su interior hay un sentir de cierta incomodidad, aunque sabe que muchas cosas fueron desprendidas de su alma (corazón), ella siente una incomodidad o un cosquilleo y un sentir de vacío en su cabeza, pues ahora está limpia y necesita ser llenada.

Cuando el corazón ha sido llenado de todo lo que no te pertenece, te inhabilita para seguir hacia tu propósito. Solo cuando decidamos despojarnos de todo aquello que no nos pertenece, de todo lo que nos roba y nos daña, podremos entonces alcanzar lo que realmente nos vivifica y nos llevará a la grandeza.

Cómo se daña el corazón

El corazón se daña cuando albergamos conceptos equivocados de los planes de Dios para nuestra vida, cuando nuestra percepción de lo bueno cambia, pues los paradigmas y conceptos equivocados no hablan de lo que puedes llegar a ser, sino de lo que fuiste. Esto lo digo porque un concepto incorrecto de lo que es tu padre terrenal, puede empañar y distorsionar el propósito que tu Padre eterno tiene para ti, ya que las experiencias negativas del pasado dañan tu corazón y empañan tu vida de grandeza en el presente.

El corazón es dañado cuando no es guardado de todos aquellos actos que lo maltratan o hieren. Guardar el corazón nada tiene que ver con no ser amigables, con apartarnos a los lugares inhóspitos para evitar las heridas de la gente, sino que este acto radica en dejar que las cosas que nos quitan la paz, que no nos dejan ser mejores seres humanos desaparezcan. **Las ofensas, los engaños, las malas palabras, todo esto**

que nos hiere no deben permanecer en nuestra mente. No podemos evitar lo que llega a nosotros, pero sí podemos elegir lo que guardamos en nosotros. El perdón, el amor, la esperanza, la aceptación, la caridad, el dar las gracias y la fe son medios para mantener un corazón sano y en el que mane la vida.

No podemos evitar lo que llega a nosotros, pero sí podemos elegir lo que guardamos en nosotros.

IX

El corazón de la paternidad

Mi esposo Wilson me cuenta que a los 8 años sus padres lo dejaron en la casa de sus abuelos maternos. Aunque él sabe que los consejos y el cuidado de su abuelo lo hizo un hombre distinto, a esa edad en lo único que él podía pensar día y noche era en irse a vivir con sus padres y en jugar con sus hermanos. Me cuenta que nada lo hacía más feliz que el día en que la abuela le daba permiso para visitar a sus padres y sus hermanos. Aunque en la casa de sus abuelos tenía un buen trato y un buen estilo de vida, nada lo llenaba, nunca se le iba ese sentir de soledad y tristeza, lo único que lo alegraba era saber que podía ir a su casa. Él me cuenta que todavía recuerda el día en que sus padres lo dejaron en casa de los abuelos, recuerda cómo se ocultaba el sol en aquella tarde fría y lluviosa y cómo lloró desde el atardecer hasta el amanecer.

En este mundo se ha desarrollado en los últimos años el síndrome de los abandonados. Éstos son los hijos que de alguna manera crecieron sin una completa figura paterna, en muchas ocasiones le faltaron los dos y en otra le faltó el uno o el otro. Sin que la sociedad le dé mucha importancia, es cada vez una costumbre más frecuente el abandono de los hijos.

Razones por la que los padres abandonan a sus hijos:

❖ **La inmigración.** Los padres abandonan o dejan solos a sus hijos para irse a otro país, pues desean darles una mejor vida, pero la verdad es que es difícil tener una mejor vida con la imagen de huérfano o de abandono. En mi pueblo he visto muchos que han dejado a sus hijos y hasta ahora no veo cuál ha sido la diferencia de vida económica; al contrario, muchas familias que están juntas están mejores y han progresado mucho más.

❖ **Muchos jóvenes tienen hijos sin preparación de ninguna clase.** Éstos no están listos para responsabilizarse del hijo que acaban de procrear, y como no saben qué hacer con la nueva responsabilidad, la abandonan y se la dan a sus padres o a alguna agencia gubernamental.

❖ **El nuevo padre o madre no tiene un sentido correcto de la paternidad**. El mismo procreador de la nueva criatura sufrió cierto abandono de sus padres y ahora él o ella repiten ese patrón familiar.

❖ **La falta de compromiso.** La sociedad ha sido bombardeada por una filosofía social que aclama a todo pulmón una vida sin compromiso y sin sacrificio alguno. Este tipo de pensamiento hace que el nuevo padre se aleje de la criatura con el temor de que su nueva responsabilidad le quite todas las posibilidades de tener algún tipo de éxito o libertad.

❖ **La nueva sociedad carece del sentido ético de compromiso moral, filosófico y social.** Hoy se cuestiona todo lo aprendido por nuestros ancestros o la sociedad anterior. También hay confusión de lo que es éticamente bueno o malo, moral e inmoralmente correcto, es por eso que la nueva sociedad en muchas ocasiones se encuentra atrapada tratando de definir lo nuevo y lo viejo, lo moral y lo inmoral. Esta sociedad, al no poder definir claramente estos parámetros, no le es un tema claro qué de la vieja sociedad deberían preservar y cuáles son sólo tabúes que deberían abandonar. Este camino hace que muchas personas ya no se atrevan apostar sobre qué es transición moralmente ética, religiosamente ético, filosóficamente y socialmente ético.

Tornando el corazón de los hijos hacia los padres

Martha Zaes (El nombre ha sido cambiado) fue abandonada cuando era pequeña y ella se crio creyendo que sus padres eran los causantes de todas sus desgracias y frustraciones, ansiedades y fracasos. A los 13 años ella quedó embarazada de un hombre que sólo lo conoció por una noche y que por la edad podía ser su papá. Luego sintiéndose cansada de ser madre soltera, conoció un hombre que le llevaba cuarenta años de diferencia en edad, pensando que éste era el único hombre que la podría amar, ayudar, respetar y en el cual se podía sentir segura. Entonces, se casó con él, pero muy pronto el hombre tuvo un derrame cerebral y ella se convirtió en su enfermera de cabecera en vez de su esposa.

Cansada de tantas obligaciones, se marchó con su hija y así comenzó a vivir yendo de un lado a otro, tratando de encontrar en algún lugar del mundo lo que ella no podía cargar en su alma. Muchas mujeres que han sufrido y no han tenido un cuidado paternal correcto, tratan de saciar su vacío en hombres y en actividades sexuales, pero lo único que consiguen es abrir más ese vacío interno.

Un día Martha, desesperada, caminó por el parque tratando de afinar su mente y fue ahí cuando vio debajo de unos árboles un lugar seguro y cómodo donde pensó que podía hablar con Dios. Ella había estado muy resentida como para hablar con un Dios que no había hecho nada por ella, pero una amiga al verla tan deprimida, le recomendó que debía hacerlo. Ella se sentía muy enojada con el Creador por haberle dado unos padres tan malos e inconscientes.

Cuando estaba debajo de los árboles, ella comenzó a hablar con Dios y sus mejillas se inundaron de lágrimas. Ahora se sentía segura y sola, nadie estaba a su alrededor, pero de alguna manera se sentía segura. Pronto, después de la meditación, sobre su corazón comenzó a reposar un ambiente de paz (para mí la meditación es poner una escena, un pensamiento, una cosa, o una palabra en la mente hasta profundizar en el conocimiento y el valor que tiene todo eso). La Biblia dice que en "todo lo bueno, lo de buen nombre, si hay virtud alguna, en esto pensar". Cuando estamos irritadas, malhumoradas, frustradas y temerosas, es porque en vez de meditar en lo bueno, meditamos en lo malo. En esta ocasión lo bueno para Martha era recibir de su Padre celestial todo lo que de alguna manera sus padres terrenales no habían podido darle.

Al estar en una actitud de meditación, Martha comenzó a sentir algunas burbujas de electricidad que bajaban del cielo, todas tenían un sonido que traía alegría y un sentido de paz y satisfacción. De repente, este lenguaje comenzó a hacer eco en su "ser" y de sus labios salió una expresión, la cual era: "Gracias, gracias, gracias Dios". Un sentido de satisfacción llenó su pecho, fue como una fuente de agua inagotable que fluía, fluía y fluía dentro de ella. En ese momento de éxtasis espiritual, vio que, dentro de esos padres, los cuales siempre imaginó como descuidados, irresponsables y toscos, había cualidades buenas y que de alguna manera la identificaba.

La quietud y la paz que invadía todo su cuerpo se deslizó por su piel como el agua de una regadera, depositándose cada una en su lugar adecuado. **Cada gota de agua representaba algo tan sagrado como la paz, el amor, la bondad, la paciencia, la quietud, la mansedumbre, la seguridad, la ausencia de temor y la confianza.**

Finalmente descendió la última de esas cualidades, mientras ella sentía que su cuerpo descansaba lentamente. Luego frente a sus ojos vio un letrero que decía: "Yo te envío mi perdón". Un fuerte escalofrió llenó su cuerpo y un profundo sentimiento de incomodidad la inundó, pero se tranquilizó, afinó sus ojos y alcanzó a leer la otra parte del papel: "Si quieres vivir en plenitud como yo, has lo mismo". Ahora sí que su estómago se revolvió, pues aceptar que Dios la amaba estaba bien; pero perdonar es otra cosa, porque esto implica aceptar que todo lo que aquella persona hizo estuvo correcto. Esto implicaba librarlo del castigo y en lo más profundo de su ser había un grito, el grito de una niña asustada que decía: "No, no pueden recibir mi perdón, merecen el castigo, son culpables". Por otro lado, también había un sentimiento de culpa y de lástima por esas personas que de alguna manera estaban atadas como ella. **Ella en lo más profundo de su corazón sabía que la falta de perdón es una atadura del alma.**

Mientras se encontraba en esa lucha de sentimientos, apareció una figura. Inmediatamente después de reconocerla, ella dice: "¡Qué bueno Dios que estás aquí!, necesito de tu apoyo y tu consuelo, necesito hablarte y tengo demasiadas preguntas que hacerte". De repente sin querer le viene un sentimiento de rechazo, mientras un pensamiento se fortalece en su cabeza: "Dios también es culpable, por permitirme sufrir tanto y es necesario que arreglemos cuentas, Él es un injusto e indolente jerarca". Ella había guardado este sentimiento por muchos años en lo más profundo del corazón, no lo quería pronunciar por miedo a ser castigada por aquel que la religión le habían enseñado que era intolerante e incuestionable. Es que, aunque la religión dice que Dios es bueno, lo hace contradecir con todas las exigencia que según ésta Él impone. También enseñan que Dios es castigador y airoso con el que le falla o quiere reclamar o cuestionar.

Mientras jugaba con los pensamientos de su mente, sus ojos se enfocaron en una figura que comenzó a definirse con más claridad y para su sorpresa no era una figura sino dos, ¡eran las figuras de sus padres! De repente ella se sacude y dice: "Mis padres están muertos, no pueden ser ellos". Sacude la cabeza tratando de despertar, pues se imagina que está en un sueño. Pero ellos siguen acercándose y se ven tan distintos que hasta en cierto sentido ella se alegra de verlos, sobre todo porque quiere decirles algunas verdades que es necesario que ellos conozcan.

Sanidad del corazón

Sus padres se acercan con cierta alegría, pero también con un poco de timidez y vergüenza, se detienen cerca y la madre le pone la mano en la cabeza, mientras que el padre le toca el hombro con su rústica mano. Ella se mueve con un sentir de inseguridad y hasta de incomodidad, aunque en lo más profundo de su alma le agrada la idea de ver a sus padres, no los puede aceptar tan fácilmente y hacer de cuenta como si no han hecho nada. Ella siente un fuego de sentimientos en su interior, mientras piensa: "No es justo que los padres no protejan a sus hijos".

Los padres son las personas más importantes debajo de la tierra que tiene un hijo, pero en este mundo disfuncional, cada vez más la figura paterna encarnada en el amor y la protección de sus pequeños se hace más borrosa.

Martha, al verlos cerca, quiere golpearlos y sacar de su pecho todo ese odio, dolor y frustración, pero son sus padres y se contiene. Todo se da tan rápido que ella no le da tiempo a pensar con claridad. Y antes de que pueda reaccionar, se escucha una voz suave que le dice: "Perdóname hija, no sabía que podía herirte tanto, no pensé que fuera tan destructivo para tu vida el hecho de que yo estuviera ausente, no supe cuáles eran tus prioridades, tampoco supe protegerte como la niña que eras. Debí reafirmar tus talentos y cualidades, sin embargo, lo que recibiste de mi fueron desamores y decepciones, dureza y abuso. Es mejor no abundar en ellos, porque creo que te ayudaría en este proceso".

Con una voz de rabia y desesperación, Martha pronuncia de su boca una pregunta: "¿Por qué perdonarlos?". A lo que ellos contestan: "Me imagino que es lo que menos deseas, pero también quiero que sepas que no lo haces por nosotros en sí; sino por ti misma. Hace años que nosotros pedimos perdón y nuestro Padre bueno nos perdonó, pero para nuestro descanso eterno necesitamos tu perdón también, pues nuestras almas están unidas a la tuya y no tendremos paz si tú no la tienes. Es necesario que, ya que nosotros sabemos lo importante que es tu perdón para tu sanidad interna, es vital que lo puedas otorgar y obtener a la vez. Sabemos que estás dolida y que tienes razón en estarlo, también sabemos que nuestro comportamiento no fue el mejor, pero si te sirve de algo, lo que te dimos era lo único que teníamos y fue lo único que pudimos darte".

Ella sigue con una mirada de enojo y un tono áspero. Al escucharlos, les deja en claro sus sentimientos sobre el tema: "Estoy segura que, si no fuera por algo de conveniencia propia, no habrían venido a pedirme perdón".

"No es cierto", dijeron ellos. "No queremos que te ofendas, pero la verdad es que tu perdón no nos libera a nosotros, tampoco nos hace menos culpables, sólo te libera ti, y si quieres ser feliz es necesario que lo entiendas. Cada persona debe buscar su propio perdón, debe seguir su propio camino y debe preocuparse por hacerlo. No importa cuántas veces una persona tenga que cambiar, ésta debe seguir intentándolo hasta que llegue a su destino. Naciste para la grandeza y no debes conformarte con menos, pero nunca podrás avanzar por un camino tan extenso si no dejas atrás las cargas que te han sido impuestas. Tú no eres culpable, nosotros nos responsabilizamos de ti ante Dios y no supimos hacer lo mejor, pero una vez que tu conciencia despierta y estás lista para tomar decisiones, puedes hacerte daño al tomar malas decisiones. Nadie puede evitar esto.

Tu perdón no nos libera a nosotros, tampoco nos hace menos culpables, sólo te libera ti.

Muchas de las cargas que llevamos dentro son la consecuencia de nuestro trato contigo, pero otras es la consecuencia de tus malas decisiones. De tus decisiones nadie es culpable y nadie lo será. Lo único que podemos hacer es ofrecerte nuestro apoyo, pues, aunque parezca tarde, no lo es. En el universo de Dios nada es casualidad y nada llega tarde. Todo está bajo su propósito y diseño eterno".

Ella, baja su defensa y con la mirada cabizbaja, les pregunta: "¿Qué tengo que hacer para poder llegar a ese estado de aceptación?".

No es lo que te ha pasado en la vida lo que te hará una persona triunfadora o perdedora, son las creencias que desarrollas en cuanto a ti misma y al mundo que te rodea.

"Nada", responden casi al unísono. Hacen una pausa y prosiguen: Confiar es la clave, tener la fe suficiente de que Dios es bueno y que nada de lo que hagamos podrá cambiar el hecho de que fuimos diseñados para un propósito único. No es lo que te ha pasado en la vida lo que te hará una persona triunfadora o perdedora, son las creencias que desarrollas en cuanto a ti misma y al mundo que te rodea.

Martha levanta los ojos y pregunta: "¿Se supone que debo hacer algo?".

Ellos sonríen de forma amable y dulce, y le dicen: "Sólo darnos un abrazo".

Ella camina un paso hacia atrás y con exclamación pregunta: "¿Abrazarlos?".

"Sí", responde su padre con entusiasmo, "y es necesario que entiendas un principio que yo aprendí en mis últimos días sobre la tierra, está relacionado a la esencia de mi Padre Eterno".

"¿Cuál?", pregunta Martha queriendo saber.

"Tú eres bien curiosa", dice la madre. "Sé que nos perdimos mucho al no tenerte cerca de nosotros".

"Bueno, tú lo dices y no lo sabes", contesta Martha con una sonrisa un poco sarcástica, pero ya más relajada.

"Bueno, bueno", dice su padre, "lo que quería enseñarte es que, para sanar las heridas causadas por las relaciones, lo único que debemos hacer es tratar de alguna manera volver a crear un vínculo con esa persona, ya sea en una carta, una llamada, una cena o una reunión como ésta".

Martha dice: "Claro, lo mejor siempre es una comunicación sin reservas". A lo que el padre agrega: "Así es mi hija, has entendido bien".

La madre, tratando de traer algo diferente a la conversación, dice entre diente: "Una cena no nos caería mal, pues este estómago está haciendo fiesta".

Martha se sonríe y con una carcajada dice: "¡Cena! No es tiempo de cena y mucho menos tengo dinero para llevarlos a un restaurante. Qué buena indirecta, ¿no?".

La madre se ríe y dice: "Ésta es mi hija, somos tan parecidas" (se ha comprobado que los familiares pueden parecerse, aunque no hayan compartidos mucho tiempo juntos o nada de tiempo. Este parentesco puede ser físico o de hábitos, esto tiene mucho que ver con los genes).

El diálogo sigue, y se presenta de la siguiente manera:

Padre: "No pensé que podrías ser tan simpática y despierta, pero todo eso de que no tienes dinero tiene que ver con tu niñez. Mayormente las personas que se forman en una creencia de abandono, tienen tendencia a desarrollar pensamientos sobre el dinero muy limitantes, pero no te preocupes, todo eso irá cambiando a partir de este día. Pronto te darás cuenta de que vivimos en un mundo de abundancia y que tenemos todo lo que creemos que no tenemos. Nuestro Padre eterno hizo un universo inmenso y con la capacidad de suplir todos nuestros deseos, pero muchos no lo quisimos entender en vida y sólo lo entendimos después de la muerte. Hablando de dinero, ¿cómo están tus finanzas?".

Martha: "Mal, siento que no tengo suerte para nada, y que no me rinde el dinero, no salgo de una deuda para meterme a otra, y parece que mi cuenta de banco tiene huecos".

Padre: "De eso te hablamos, la falta de perdón y aceptación por las personas que de alguna manera te han herido se manifiesta en todo lo que haces, pero especialmente en las finanzas. Cuando una persona vive con remordimiento interno, carga con la culpa sobre sí misma y la de alguien más, sin saberlo sabotea las entradas de dinero y cuando le va bien en lo económico, el subconsciente busca la manera de perderlo en malas inversiones, gastos exagerados, deudas injustificadas y en desordenes financieros".

Martha se incorpora un poco y le dice: "Tienes razón, todo lo que has dicho tiene sentido, es como si pudieras adivinar toda mi vida, pero eso no sólo me pasa en las finanzas, sino también en el amor y en las relaciones".

Madre: "Así es hija, las cosas que llevamos por dentro se manifiestan siempre en el mundo externo. Esto es muy doloroso para mí, pues sé que muchos de los males que tú cargas, nosotros los causamos".

Martha: "Bueno, bueno, y ¿en quién creo, ahora? No me es fácil creer en ustedes, aunque…".

Madre interrumpe: "Tú sabes que te hemos dicho la verdad y eso es lo que importa, dame un abrazo y déjame sentir tu perdón y tu amor".

Martha se lanza con toda la fuerza primero a los brazos de su madre y luego a los brazos de su padre, mientras exclama: "Perdón, perdón, no quiero vivir así, quiero ser libre, quiero ser feliz".

Ellos la sostienen en sus brazos, mientras lágrimas bajan por ambas mejillas. Un suspiro de satisfacción sale de la boca de Martha y con alegría expresa: "Gracias Dios, gracias por este momento".

"Martha, Martha, despierta, despierta, despierta… estás hablando sola".

"¿Qué pasa?" pregunta Martha parándose sobresaltada, al escuchar entre sueño la voz de María su mejor amiga.

María: "Vine a buscarte, acuérdate que quedamos de vernos a esta hora para ir de compras y luego ir al fin de semana de superación personal de "Viva Sin Límites" que tienen el señor Wilson y Sandra Santos".

Martha se incorpora frotándose los ojos y mirando para todos los lados, mientras se dice en voz baja: "Fue sólo un sueño".

María: "¿Qué me dijiste Martha?".

Martha: "Nada, hablaba sola".

María: "Parece que algo bueno te está pasando, veo tu rostro que brilla, te veo tan distinta".

Martha se sonríe, mientras en su mente se repite una y otra vez la frase que más la impactó en la conversación con sus padres: **"Recuerda que no importa cuántas veces tengas que cambiar para levantar tu vuelo, sigue haciéndolo hasta que llegues a tu destino y te convierta en la persona que deseas, pero el camino para volar alto comienza cuando perdonas, reconoces y aceptas quien realmente eres".**

El regalo más valioso

Como padre o hijo sé que te has preguntado: ¿Cuál sería el regalo más valioso que una persona podría recibir de un padre o un hijo? Bueno si eres un hijo, que todos los somos, si eres un padre, que algunos los somos, diría algo muy diferente a lo que tengo en mente. Cuando suelo hacer esta pregunta, muchas personas contestan: "Una buena carrera universitaria, una buena reputación, una gran empresa o un automóvil nuevo para ir al colegio". Pero, aunque tengo que admitir que todas esas cosas son buenas, no puedo dejar de decir que hay cosas mejores. Los seres humanos deben crecer de manera integral, o será imposible que a la larga su corazón no sea dañado por las adversidades de la vida. Necesitamos más que riquezas y un buen nombre, familia, amor y afecto, pero el regalo que un hijo pide y desea a gritos es conocer el corazón de su padre. La verdadera paternidad radica en este acto. Cuando eso no se lleva a cabo, heridas serán causadas por las personas que más amamos y esperamos lo mejor de ellas. **Los hijos necesitan el afecto de sus padres y cuando esto no puede ser suplido, todo lo demás puede ser dañado.**

El regalo que un hijo pide y desea a gritos es conocer el corazón de su padre.

Muchos dicen que no es posible crear riquezas y tener a la vez una buena familia, o una vida saludable, pero yo digo que sí, ya que la riqueza y la familia son también un regalo de Dios para sus hijos y es un suplemento de todo lo demás. **Sin embargo, los hijos necesitan la ternura, el aprecio, el consejo y el amor de su padre terrenal más que de cualquier otra cosa. Conocer de manera correcta al padre terrenal,** causa que una hija conozca el amor del Padre celestial, ya que el padre terrenal es la imagen de éste mismo. No importa las edades, para una buena relación con sus seres más queridos, no hay edades. Las hijas siempre necesitarán la vinculación con el padre. Un padre escaso con sus hijas, muestra la misma imagen de Dios para ellas.

Por asuntos de trabajo, mi esposo Wilson siempre ha viajado mucho. Tuvimos etapas en nuestras vidas en la que él viajaba tres semanas del mes y a veces el mes completo. Los niños eran pequeños y su padre le hacía mucha falta. Hoy por causa de la familia, él ha decidido viajar con menos frecuencia y con más cautela, a pesar de que los niños son más grandes que hace unos años, su padre le hace la misma falta. Cuando Wilson sale, que todavía pueden ser varias veces en el mes, lo que más me gusta es cuando él toma su celular antes de llegar, llama a los niños y les promete que cuando llegue va a salir con ellos al lugar que ellos prefieran para compartir como familia. Es maravilloso ver sus ojitos con un aspecto de satisfacción sólo por saber que estarán con papi un momento.

No somos preparadas para la grandeza cuando vamos a la universidad, sino cuando somos puestas en ese santuario llamado hogar y bajo el cuidado de esos guardianes llamados padres.

Cierto día, después que mi esposo llegó a casa y después que mis hijos llegaran de la escuela, él estacionó su automóvil frente a la casa y les dijo: "¿Quién está listo para divertirse hoy?", el alboroto no se dejó esperar, los tres le dijeron al unísono: "Yo, papi" y todos le saltaron encima. Salimos al cine, comimos helados, palomitas de maíz, pizzas, soda, y miramos la película que ellos escogieron. Nos reímos, nos tomamos fotos, nos amontonamos unos sobre otros y terminamos al final del día totalmente agotados, pero felices. ¿Sabes por qué? Porque nada es más importante para nuestros hijos que un momento con su padre. Especialmente para una niña esto es de gran importancia.

Mientras regresábamos de un paseo, mi esposo y yo les preguntamos a nuestros hijos qué fue lo que más les gustó en ese día. Ellos nos miraron con una sonrisa pegajosa, y con sus ojos llenos de vida, nos dijeron: "Estar en familia, estar juntos, disfrutar con papi y mami". Ellos aman la frase "estar en familia". Es en ese momento cuando pienso lo mucho que hay que hacer para poder estar juntos los cinco, y digo en silencio: "No hay una satisfacción mayor que ver a mis hijos juntos y felices, pensando en esto cualquier esfuerzo vale la pena".

Un legado eterno

Por lo generar nuestros hijos ven a Dios cuando miran a sus padres, es por eso que nuestra influencia y nuestra responsabilidad en esta parte es muy grande. Creo fielmente que tendremos éxito como padres cuando reflejemos cualidades de nuestro Padre celestial y permitimos que el amor de Jesús fluya a través de nosotros para nuestros hijos. No crean que soy una madre perfecta, tampoco soy una experta en psicología familiar, o teología universal, para poder hacer una reseña profunda y minuciosa sobre lo que es Dios, su amor y lo que una mujer debería de hacer. Como madre de tres hijos, no tengo intenciones de ponerte reglas o métodos, es por eso que podrás notar que este libro está dirigido al corazón y no al intelecto. Yo creo que es el carácter el que debe ser formado primero, que cada lección que les damos a nuestros hijos debe ir dirigida en este punto. Por eso mi intención es inspirarte a tratar el corazón de la persona que más cerca está de tu corazón (los hijos). Los únicos que seguirán tu legado, y cuando hablo de legado estoy hablando en todos los aspectos de la vida, pues podemos sembrar en nuestros hijos un buen carácter o uno malo, un buen recuerdo o uno malo, una buena vida o una mala.

Por lo generar nuestros hijos ven a Dios cuando miran a sus padres, es por eso que nuestra influencia y nuestra responsabilidad en esta parte es muy grande.

Tú eres la autoridad sobre ellos

Para que un corazón de cualquiera que esté bajo tu autoridad, especialmente el de un hijo, sea guardado, te recomiendo tres cosas:

- ❖ **Contacto.** Aquí estoy hablando de vinculación, la cual podemos manifestar en besos, abrazos y afecto.

- ❖ **Tiempo.** Tiempo de calidad, los hijos necesitan saber que cuentan con sus padres. Este hecho les da a ellos un sentir de pertenencia y valor, cuando un padre no les da tiempo a sus hijos, éstos se sienten rechazados.

❖ **Conversaciones sin reservas.** La comunicación es el instrumento más eficaz para mantener buenas relaciones. Una comunicación efectiva, cuidando el tono, la velocidad y el volumen de lo que decimos, nos convertirá en maestras de nuestros hijos. Hay madres que siempre hablan a sus hijos gritando e hiriéndole el corazón con palabras violentas.

Estos puntos tan sencillos son sumamente importantes para hacer que el corazón se mantenga saludable. Estos tres principios de vida harán que tengamos más éxito en nuestras relaciones. Es a través de éstos que las relaciones echan raíces, que los hijos, los discípulos, los empleados, los matrimonios, los amigos, los conocidos, los socios y toda la humanidad consiguen profundizar sus relaciones y echar raíces en todo lo que edifican.

No se debe edificar a través de la opresión, ni de la soledad, tampoco por medio del abuso, todos estos medios pueden hacer a un ser humano sumiso, pero nunca sano y sujeto. Siempre en el corazón de un oprimido habrá un grado de amargura que a menos que no trabajemos en su sanidad, nos hará daño a nosotras y a los demás. Un corazón sano, perdonador, franco y sincero, siempre encontrará un lugar para el crecimiento. Yo espero, amiga lectora, que, si tu rumbo ha sido el odio, el desamor, el rencor, la ansiedad, los celos, el temor, o la falta de fe, tomes otro camino y comiences a vivir una vida de grandeza, estando sana y feliz.

X

Mente de huérfana

Vivía en un orfanato y a pesar de que ya muchos de sus compañeros se habían ido con sus padres adoptivos, ella todavía permanecía en este lugar tratando de encontrar a los suyos. Cada cierto tiempo era exhibida en la habitación, el salón de clase o en la oficina, tratando de que alguien se la llevara de aquel lugar que no le ofrecía mucho futuro. Ella hacia lo mejor intentando de que alguien la viera linda, inteligente, buena, habilidosa, prometedora y graciosa. Muchos compañeritos incluso cuando se iban, le deseaban suerte y otros se burlaban por considerarla una niña poco afortunada.

En cierta ocasión fue al lugar una pareja, la cual se veía de buena posición económica y muy estable en su matrimonio. Ella ya había cumplido más de 6 años y su esfuerzo por encontrar algunos padres que la amaran era desesperante. Por su mente le pasaba la imagen de que crecería allí entre los huérfanos, de que nadie la amaría y que era posible que ella no fuera una niña hermosa como otros niños. Le dijeron que cuando llegara esa pareja, ella debía poner atención, también le enseñaron la entonación de una canción, pues a la pareja le gustaba la música. Ella hizo todo su esfuerzo. Las mujeres con mentalidad de huérfanas piensan que serán aceptadas por lo que tienen y hacen, y no por lo que realmente son.

Pasada la función, la pareja se fue y una profesora que siempre trataba de ayudarla, le dijo: "Ellos volverán". Los días pasaban y la joven pareja nunca volvía, mientras la tierna y joven niña dejaba salir gritos de frustración y una voz interna de desconsuelo que le decía: **"No importa lo que tú hagas, nadie te va amar y nunca te van adoptar".** La niña comenzó a perder la esperanza hasta que un día una de las encargadas del orfanato, irrumpió en la habitación: **"Vamos, ponte linda, que creo que llegaron lo que van hacer tus padres".** Ella no se ilusionó mucho, sabía que esto era una rutina en el orfanato, porque todos estos años le habían tratado de conseguir padres, pero nada había sucedido. La mente de orfandad se distingue por el pensamiento constante de que tú no mereces nada bueno.

La maestra la animaba ayudándola a ponerse la ropa y diciéndole: **"No es que queramos que te vaya de aquí, pero ponte positiva, creo que éste es tu tiempo, tú mereces una mejor vida y algo me dice que serás su hija".** La niña se alista y como siempre hace su exhibición de amor, cortesía, educación. Talentos, dones la cual le presenta a la pareja, esta consulta y de pronto ocurre lo increíble, los dos dicen unánimes: **"Ella será nuestra hija".** Luego hicieron los arreglos y se la llevaron a una hermosa casa en los Estados Unidos.

La mente de orfandad se distingue por el pensamiento constante de que tú no mereces nada bueno.

Al llegar, le mostraron su habitación y un ropero lleno de ropa. Pronto le presentaron la escuela donde iba a estudiar y ella comenzó asistir. Todo parecía estar bien, aunque sus padres se quejaban de que ella no los aceptaba y que le era muy difícil cambiar ese sentimiento. Es que, aunque sus padres se esforzaban por hacerla sentir parte de la casa, ella sentía que no era su hija. **Las personas con mente de huérfanos no saben dar amor, ni recibir amor.** Un día cuando ella llegó de la escuela, la casa estaba sola y la puerta estaba cerrada, pero lo más raro era que delante de la puerta estaban sus maletas con sus pertenencias.

Desesperada y con un mal presentimiento, ella comienza a tocar todas las puertas de la casa y mira por cada ventana tratando de ver quién está adentro, pero nadie responde, es entonces cuando se acerca a una de sus maletas y ve que en ella hay una nota que dice: **"Querida Fanny, hemos querido ser buenos padres y amarte como nuestra hija, pero no hemos podido, la razón es porque no sabemos cómo hacerlo. Lo sentimos, pero nos fuimos de la ciudad y decidimos no llevarte con nosotros, ya que pensamos que sin nosotros estarás mejor".**

Fanny se acuesta sobre su equipaje, mientras abraza un oso de peluche y clama con voz adolorida: **"Nadie me ama, nadie me ama, y se pregunta** ¿para qué sigo viviendo?". La paternidad es un tema poco entendido por aquellas mujeres que son huérfanas y por las que no han sido madres o no saben desempeñar este papel dignamente.

Sentirse hija y tener un padre espiritual es algo que no se logra sólo con información, tiene que haber relación, una transformación y una convicción.

En los retiros y en las conferencias que hacemos, siempre tengo la oportunidad de hablar o ministrar a las mujeres, y es dolorosa la idea de que muchas de ellas carecen de identidad por falta de paternidad. Si quieres profundizar más sobre la identidad, ve al primer capítulo, pero la realidad es que, si no hay una figura materna y paterna correcta, tendremos una autoestima distorsionada, pues te sentirás huérfana y crearás un vacío casi insaciable. Cuando una mujer tiene un sentir de orfandad, necesita la convicción de que tiene un Padre celestial. Sentirse hija y tener un padre espiritual es algo que no se logra sólo con información, tiene que haber relación, una transformación y una convicción.

En una ocasión estaba en un retiro de líderes y Candy (nombre cambiado), una de las líderes de la organización, dio un mensaje en el que compartió sobre la paternidad y el valor de saber nuestro lugar como hijos e hijas de Dios. Esta Joven vivió en la casa de Steve y Rosy (nombres cambiados) por más de diez años, de hecho, antes de ese día yo sabía esa información, pues ellos hablando con mi esposo y conmigo, se habían referido a ella como su hija. **Las personas que tienen una identidad clara, también saben darles a otros un sentido de propósito claro.**

Cuando ella comenzó a redactar su historia, balanceé el cuerpo hacia adelante, puse mi mano en la barbilla y comencé a escuchar con mucha atención. Ella comenzó su relato diciendo: **"Tenía 10 años cuando conocí a los líderes Steve y Rosy, fui a visitarlo un fin de semana, pero por alguna razón que antes no conocía y que ahora entiendo, me quedé diez años viviendo en su casa. En esta casa yo tenía mi habitación, mis juguetes, mis responsabilidades y mis privilegios, ellos siempre me trataron como una hija, me lo recordaban a cada momento, y siempre hicieron lo mejor para que me sintiera así, pero por alguna razón yo no me sentía hija, al contrario, me sentía con menos derecho que Máximo (el perro de la casa).Los hijos de Steve y Rosy comían la comida de la casa sin pedirla, ellos jugaban en la casa sin solicitar permiso, como hijos hacían lo que querían sin temor a ser reprimidos, pero no importaba lo que ellos me dijeran o hicieran por mí, yo sentía que no era parte de la familia. Ésta era la razón por la que siempre estaba agachada, con la cabeza hacia abajo y no podía disfrutar ni jugar como ellos lo hacían".**

El problema más grande que tiene una mujer para alcanzar el propósito que Dios tiene para su vida, es desconocer su identidad, no saber de quién es hija, no entender que fue adoptada por su Padre celestial y que una hija no tiene que hacer nada para ser heredera. En la Biblia encontramos esta declaración, la cual nos llega a nosotras por el apóstol Pablo: "Pues no habéis recibido el espíritu de esclavitud para estar otra vez en temor, sino que habéis recibido el espíritu de adopción, por el cual clamamos: ¡Abba, Padre! El Espíritu mismo da testimonio a nuestro espíritu, de que somos hijos de Dios. Y si hijos, también herederos; herederos de Dios y coherederos con Cristo".

El hijo tiene responsabilidades, pero no es alguien que hereda por sus responsabilidades, sino por la esencia y su linaje. Lo que quiero decir es que cuando entendemos que Dios Padre nos hizo hijas y nos dio una herencia, ya no trabajamos tratando de ganarnos esa posición, pues como hijas el mundo nos pertenece y es ahí cuando entendemos nuestro verdadero valor, y reconocemos que tenemos acceso al éxito y la felicidad por derecho divino. Escuché a un líder hablar de la relación que debían tener sus seguidores y él decía: **"Me asombra que muchos de los miembros de mi organización entren a la oficina como si fueran unos extraños. Primero tocan, luego entran asustados como si alguien los quisiera regañar y luego caminan con mucha timidez. Pero esto es diferente a lo que hacen mis hijos, ellos simplemente entran, sin temor y retracción, ellos saben que son hijos y actúan como hijos".**

Cuando no sabemos quiénes somos y los derechos que tenemos, tampoco podemos ser felices. No importa lo que tengamos y lo que Dios esté dispuesto a darnos, nunca seremos dichosas a menos que aprendamos a ser, a sentirnos y a vivir como hijas. Hay mujeres que viven con los hombres inadecuados y bajo muchos maltratos físicos, verbales y emocionales, y es por este mismo asunto por el que nos damos cuenta que muchas carecen de valor propio.

Cuando Candy hablaba en el retiro de líderes, ella decía: **"Por muchos años fui recibida como hija y no lo aceptaba, vivía en una casa que lo tenía todo, pero yo no disfrutaba de eso, nunca me sentía con derecho de abrir la nevera y comerme lo que deseaba, de jugar por la casa sin límites, y de gozar de los privilegios que tenía como hija. Por años viví de esta manera, hasta que un día me di cuenta que si yo quería ser feliz, que, si quería disfrutar de vivir en esta casa y que si deseaba hacerlo a ellos felices con mi estadía en su hogar, tenía que** aceptar el hecho de que ellos me había adoptado y que era parte de su familia". En todo lo que desarrollamos, debemos tomar esa actitud, es necesario decidir quiénes somos, porque ésta es la clave de disfrutar lo que hacemos.

Sentirse parte de una vida feliz y fructífera va a requerir una buena actitud de nosotras. Cuando la madre biológica de Candy partió a reunirse con Dios, ella entendió el valor de haber aceptado a tiempo el hecho de que Steve y Rosy eran sus padres. Cuando estamos en la abundancia, cuando todo nos sale bien, cuando tenemos trabajo y nuestro cuerpo tiene fuerza, parece que no apreciamos a plenitud el amor de Dios. El Padre nos habla, nos llama, nos premia, nos mima, pero vivimos como si sólo nuestros asuntos nos importaran y como si el amor de Él no fuera suficiente. Es válido aclarar que Dios desea dar abundancia a cada hija, pero lo que más desea es dar identidad.

Cuando nos quedamos huérfanas de los placeres de la vida, de las aspiraciones terrenales y sabemos que nuestros sueños se han derrumbado, es cuando muchas veces nos aferramos al poder divino y le pedimos a Dios su amor, como si no fuéramos hijas. Ser hijas es serlo siempre, ser hijas es saber que hay un lugar privilegiado para nosotras, siempre.

Si eres hija, eres heredera

Cuando Candy hablaba, sus palabras me llegaban a lo más profundo de mí ser, era como si estuviera contando mi historia, era como si leyera mi corazón. Por muchos años no encontraba mi identidad, sin importar lo que sucediera o hiciera. Mi esposo y yo éramos ministros en una organización de iglesias muy grande, allí mi esposo viajaba mucho, siempre iba a la vanguardia y nunca paraba, lo que no le permitía estar mucho tiempo. De alguna manera yo no me sentía parte de todo lo que él realizaba o lograba. No sabía lo que yo quería en la vida y de alguna manera menospreciaba el trabajo que él realizaba, yo lo veía como una pérdida de tiempo. A Wilson lo catalogaba como alguien que sólo se preocupaba por su trabajo, lo veía como un hombre cargado de ambiciones, que deseaba la fama y la grandeza, y poco sensible a mi dolor y necesidades. **Hoy en día me involucro en casi todo lo que hace y puedo apreciar su trabajo, pero eso no ocurrió hasta que yo misma me pude sentir útil, apreciada, importante y sabiendo que mi aporte para él es más que necesario.** A veces nos acercamos a un nuevo grupo o comenzamos a trabajar en alguna compañía, y aunque las personas que están allí hacen lo posible para que nos sintamos bien, seguimos con timidez y sintiéndonos rechazadas e inútiles.

Cuando me casé con Wilson tenía muchas inseguridades, éstas hacían que en muchas ocasiones yo le exigiera no tener amigos, aun fueran éstos del mismo sexo. Yo lo quería para mí y no deseaba compartirlo con nadie. También él no sabía cómo responder a mis exigencias. Yo temía sentarme y hablar con él, porque tenía miedo lo que me fuera a decir. Había muchas cosas que a mí me gustaban y no las hacía, porque Wilson no la aceptaba. Debido a la religión que pertenecíamos, mi esposo tenía muchas reglas; él era pastor y yo como mujer debía seguir las reglas una por una. Me acuerdo que unas de las reglas era que las mujeres no podían maquillarse y en muchas ocasiones casi me sacaba los ojos mientras trataba de pintarme las pestañas, cuando esperaba en el automóvil o me arreglaba en la habitación. Es que cuando Wilson llegaba repentinamente, yo con mano temblorosa trataba de ocultar los lápices o el rímel (la máscara).

Sabía que mi esposo me amaba, pero el concepto que teníamos de nuestra identidad no nos permitía disfrutar ese amor en plenitud. Vivíamos fielmente todas esas reglas, las normas y las éticas que habíamos aprendido. El amor y la plenitud como pareja y nuestros propios gustos, no significaban nada. Vivíamos para la institución y estábamos listos para morir por ella. La falta de identidad te quita el derecho a vivir y disfrutar la vida, pues tú entregas esos derechos a una segunda persona, religión, institución o líder. Un huérfano no cree que tenga derecho al deleite, al gozo y a la plenitud. Podemos perder años de nuestras vidas a menos que no aceptemos quienes somos. Hay hijos adoptados que viven igual que los biológicos. Lo que hace que un hijo disfrute el amor de su padre, no es que sea adoptado por él, o que sea biológico, sino que el hijo acepte su posición como tal. A lo largo de mi vida he visto a muchas mujeres viviendo como huérfanas, ellas tienen un padre, pero no aceptan su amor. **Aceptar que no somos huérfanas y que tenemos un valor es esencial para crecer y para poder desarrollar todo lo que es puesto en nuestras manos.**

Un huérfano no cree que tenga derecho al deleite, al gozo y a la plenitud.

En la Biblia está la historia del hijo pródigo, la cual muestra que este hijo se fue de su casa cuando su padre le entregó la herencia. ¡Cuántas hoy son como este muchacho!, la herencia le fue entregada, pero en vez de disfrutarla junto a la fuente de esa felicidad, se alejan de la misma hasta quedarse sin nada. Dios, a diferencia de lo que piensan muchos, no tiene problema en entregarle la herencia a sus hijos; vinimos a este mundo a disfrutar y en todo lo que hacemos Él quiere bendecirnos. Por muchos años, durante mi educación religiosa, me explicaron este fragmento bíblico diciéndome que el hijo pródigo empezó mal cuando pidió a su padre la parte que a él le correspondía, pues según estos maestros de la biblia la herencia le es entregada al hijo cuando el padre muere. Esta idea es ridícula en el mundo de los ricos, pero es que muchos que se llaman creyentes no aceptan que les pueda pasar algo bueno mientras están vivos, para ellos todo lo que Dios les dará se los entregará cuando mueran. Esta creencia distorsiona nuestro concepto de la Paternidad, pues vivir así es vivir sin amor, sin esperanza y sin sanidad; es vivir esperando siempre lo peor.

La persona que cree que no merece nada mientras está viva, porque todo será para cuando mueran, o aquellos que se creen que por su condición en esta vida no tienen derechos a nada, son semejantes a la historia del "hijo mayor" que se presenta en la misma parábola del hijo pródigo. Él tenía una actitud de esclavo. La historia narra que cuando el hijo mayor llegó a la casa del padre, vio el baile, la música y los invitados, entonces le preguntó a un criado: "¿Qué es lo que está pasando en esta casa?". A lo que el criado le contestó: "Tu hermano ha regresado a la casa de tu padre y éste ha hecho matar al becerro más gordo".

La historia continúa diciendo que el hijo mayor se enojó y le fue a reclamar a su padre por qué hacia todas aquellas cosas por su hermano que había tomado el dinero de la familia y lo había malgastado. No queriendo éste entrar a la fiesta, salió su padre, el cual le rogaba que entrara. **Las mujeres que no entienden el valor de ser hijas se pasan la vida compitiendo su posición con otras, porque tienen muchos temores se sienten desplazadas y menos afortunadas que las demás.**

Una mujer en temor

La mujer llena de temor actúa de la siguiente manera:

❖ **Siempre tienen miedo de perder su lugar o de perder lo que le pertenece.** El hijo mayor se enojó cuando vio que su hermano había llegado, es increíble, pero es cierto, en vez de alegrarse, se enojó. ¿Cuántas mujeres **emprendedoras no dejan de crecer por el miedo de traer a su hábitat a otras que puedan compartir sus mismos privilegios?** Ven una mujer con dones y saben que pueden usar esos talentos para avanzar a un mayor nivel, pero tienen miedo de perder su lugar y se encierran en un círculo para evitar que otra la remplace. El hijo mayor se enojó en vez de alegrarse. Muchas se enojan cuando otras son gratificadas, cuando son reconocidas, cuando comienzan a progresar. Esta es una mentalidad de esclavo, el esclavo nunca cree que haya suficiente para todos. Cuando alguien progrese cerca de ti, dale gracias a Dios por eso y bendícela, pues eso te garantiza que tú también puede progresar.

❖ **Siempre creen que las personas que le rodean se están aprovechando o les están haciendo alguna injusticia.** El hermano mayor no sólo se enojó, sino que le reclamó a su padre la injusticia cometida hacia él, al darle a su hermano un privilegio que según éste no poseía.

Las Escrituras relatan: "Más él, respondiendo, dijo al padre: **He aquí, tantos años te sirvo, no habiéndote desobedecido jamás, y nunca me has dado ni un cabrito para gozarme con mis amigos. Pero cuando vino este tu hijo, que ha consumido tus bienes con rameras, has hecho matar para él el becerro gordo**".

Ésta es la actitud de alguien que no sabe cuál es su posición y de alguien que no conoce el corazón del Padre. El padre del "hijo mayor" dijo: **"Hijo, tú siempre estás conmigo, y todas mis cosas son tuyas. Mas era necesario hacer fiesta y regocijarnos, porque este tu hermano era muerto, y ha revivido; se había perdido, y es hallado"**.

Ninguna mujer puede sentirse amenazada a menos que pierda la postura de quién es y a menos que desconozca que todo lo que tiene, también le pertenece. Hay mujeres que pierden a su esposo porque viven con el temor de que esto le ocurra. Pero nada se pierde cuando te pertenece. Yo tengo tres hijos, sin embargo, ningún hijo de los que tengo sustituye al otro. Una vez mientras mi esposo Wilson trabajaba en la República Dominicana, fue a una oficina del Gobierno a casar una pareja, y allí vio a una señora muy joven y hermosa, a la cual se le notaba una tristeza muy fuerte que embargaba su ser. Mi esposo trató de animarla y sostener una conversación al preguntarle si tenía hijos: **"Sí"**, dijo ella, **"tuve tres, pero uno hace poco se murió"**. "Qué pena, pero gracias a Dios que tuvo tres, por lo menos le quedan dos", le dijo Wilson tratando de hacerla sentir mejor. Pero fue ahí cuando notó que dos lágrimas le comenzaron a bajar de sus ojos, mientras inclinaba su cabeza a tierra: **"Sí"**, respondió ella, **"pero es que ningunos de mis hijos sustituyen a los otros, y no puedo vivir sin los tres"**. Cuando escuché esto, yo no tenía hijos y no pude entender a esta mujer con profundidad, pero hoy que tengo hijos sé por mi propia experiencia que ninguno de ellos es sustituible, no importa si los planeamos tener o no, son nuestros hijos y para mí y mi esposo eso es suficiente. Ellos siempre serán nuestros hijos y lo que conseguimos es para todos por igual.

Todo lo que como mujer tienes es para que lo disfrutes, y para lograr eso, necesitas visualizarte como una hija de Dios merecedora de todo y no como una huérfana sin derecho a nada.

El hecho de que el hijo mayor sintiera que no tenía derecho a lo del padre, lo descalificaba para ser hijo, porque el hijo no vive por obligaciones, ni por posiciones, sino que tiene privilegios. Su privilegio es usar lo del padre y él lo sabe, por eso no teme perderlo (porque eso no es posible), ni lo reclama, simplemente lo disfruta. Todo lo que como mujer tienes es para que lo disfrutes, y para lograr eso, necesitas visualizarte como una hija de Dios merecedora de todo y no como una huérfana sin derecho a nada.

La mentalidad de un huérfano

El huérfano carece de autoestima. ¿Qué es autoestima? La autoestima es la manera como las personas se ven a sí mismas. **Cuando una mujer se ve fracasada, nadie hará que sea diferente. Lo mismo si se ve fea, mala, inservible, despreciada, sucia, condenada, culpable.** Uno de los efectos negativos de la baja autoestima es que produce distorsión en el carácter.

De las distorsiones del carácter por la baja autoestima, hay dos que no deberíamos pasar por alto:

❖ **El orgullo. La mujer toma una posición que no le pertenece.** Las mujeres toman una posición que no les pertenece, en vez de ser seguras, se convierten en engreídas, orgullosas y arrogantes. Éstas piensan que todo se lo merecen, pero con la actitud de que no tienen que hacer nada. No saben agradecer y es una de las razones por la que se le hace difícil permanecer al lado de alguien. Por otro lado, éstas no crecen, porque creen que ningún oficio es digno de su grandeza. Cuando saben que tienen que comenzar algún proyecto, no están dispuestas a verse en algo tan insignificante y no lo comienzan. En la mayoría de ocasiones estas mujeres se avergüenzan del trabajo que su esposo realiza, pues lo ven indigno de ellas. Pablo dijo: "Digo, pues, por la gracia que me es dada, a cada cual que está entre vosotros, que no tenga más alto concepto de sí que el que debe tener, sino que piense de sí con cordura, conforme a la medida de fe que Dios repartió a cada uno". Es bueno tener dignidad y darse valor, pero sin orgullo y arrogancia.

❖ **Falta de valor propio.** Muchas que tienen baja autoestima sienten que no son nadie y que no tienen ningún valor en la tierra, ellas sienten que están en el mundo sin ningún propósito, que a nadie les importa y que no son capaces de nada. Éstas no creen en nadie, ni en nada. Si realizan alguna labor y llegan a algún puesto de liderazgo, lo hacen maltratando a otros y destruyendo a los que les rodean. Las mujeres que tienen un bajo concepto de sí mismas, viven como personas sin padre y sin valor. Todas como mujeres valemos, pero no todas los sabemos.

El amor es el mejor antídoto

Cuando estaba embarazada de mi hija Wesserline, tuve un embarazo turbulento. Los frecuentes viajes de mi esposo y la acumulación de trabajo que lo esperaban cuando llegaba, me producían un sentimiento de mucha soledad y dolor interno. Cada noche me sentaba en el frente de una ventana y me comía un cubo completo de helado. Mi niña nació con un sentido de rechazo y nos daba mucho problema al dormirla. Yo me desesperaba, porque, aunque la amaba, mi subconsciente la rechazaba. Cuando yo no podía más con ella, Wilson me la quitaba y la tomaba en sus brazos, no le importaba las horas que durara despierta, la abrazaba (a veces eran casi noches enteras). Pero descubrí que él encontró una manera más eficiente que yo de calmarla.

Cuando los padres saben quiénes son,
no temen en hacer lo que deben.

A Wilson no le importaba cuánto tiempo estaba la niña despierta, él la amaba sin condiciones, sin reproches, sin cansancio. Sólo le cantaba, la abrazaba hasta que ella se rendía en sus brazos. Esta manera de Wilson tratar a mi hija cambió la vida de las dos al respecto, mi niña aprendió a dormirse sin llorar y yo aprendí a aceptarla y a amarla sin reservas, sin malos recuerdos o limitaciones. Los padres, como líderes, deben ser seguros de sí mismos y deben mantener una identidad clara de quiénes son. Cuando los padres saben quiénes son, no temen en hacer lo que deben.

Tres principios básicos que extraemos de esta historia:

❖ **Los actos de amor de un padre pueden cambiar la visión de sus hijos.** Especialmente las niñas necesitan mucho el amor de padre para poder sentirse seguras y tener un concepto correcto de la paternidad y de lo que es un verdadero hombre.

❖ **Los padres no hacen cosas por sus hijos porque éstos lo merezcan, sino porque ellos los aman y desean verlos felices.**

❖ **Sólo puede dar amor verdadero a sus hijos, la madre que sabe quién es, sabe de dónde viene y hacia dónde va.** Para poder ser una buena madre, tenemos que aprender a ser buenas hijas, ya que, si no sabemos nuestro valor ante Dios, ¿cómo podremos amar a los demás?

El amor a sí misma

En los libros sagrados del Antiguo Testamento se hablaba de la Ley Mosaica, la cual exigía "amar al prójimo como a uno mismo", pero al venir Jesús el mandamiento fue cambiado por el siguiente: "Un mandamiento nuevo os doy: Que os améis unos a otros; como yo os he amado, que también os améis unos a otros". En la Ley Mosaica el mandamiento era "amar al prójimo como a ti mismo", pero esto tenía un problema: el mandamiento estaba condicionado al amor que las personas sentían por sí mismas. Pero la pregunta es: ¿Cómo puede alguien que no se ama amar a alguien más? Es por eso que Jesús cambió este mandamiento, porque si una persona no se ama a sí misma, puede esperanzarse al saber que Dios sí la ama y lo hace sin limitaciones. Dios cambió el mandamiento, porque sabía que sólo entendiendo su amor podemos amar a otros.

La identidad, la autoestima y el valor tienen su cimiento teológico en que somos hijas y no esclavas, y si hijas herederas, entonces vinimos aquí a este mundo para triunfar, disfrutar la herencia del Padre y vivir una buena vida. Una mujer con una identidad saludable, no se deja maltratar, ni amenazar y no debe tener el sentimiento de que no tiene ningún valor. El amor y el entusiasmo son la clave de todo lo bueno que podemos tener en la vida.

Tú eres hermosa, eres inteligente, eres divertida, eres amable, y eres única. Tú eres merecedora de amor y afecto, nunca eres demasiado, siempre eres lo suficiente. Eres preciosa, un diamante, una rosa, una perla, la más bella de todas las creaciones de Dios.

Vales más de lo que jamás podrás imaginarte, vales más que los números de la báscula o los productos de cabello que usas, o los zapatos que calzas, más que muchas chicas desearían ser tú, vales tanto que muchos chicos desearían tenerte, más que el precio de tu ropa o las calificaciones de tu examen de matemáticas, inclusive más que el número de seguidores que tienes en Twitter. Tú valor sobrepasa todas las cosas terrenales, porque en los ojos de Dios, tú eres amada.

A pesar de lo que piensan otros que eres, seas modelo de una revista o moldé arcilla con tu abuela, estés en la lista de las deseadas o no tan deseadas, ya seas capitana de porristas o marginada, seas señorita popular o bien nunca hayas tenido a alguien a quien decirle amigo o amiga, ya sea que te ames a ti misma y ames tu vida, o no puedas soportar verte al espejo y sentir que toda tu vida se cae a pedazos, seas toda una ganadora o te sientas el mayor fracaso del mundo, no importa quién creas ser, porque la realidad es que tú mereces a alguien que dé todo por ti en vez de exigirte todo a ti. ¡Tú eres poderosa, fuerte y capaz!

Mujeres con identidad

He leído sobre las mujeres en la Biblia, como Ester, Rut, Marta y María, y aprendí cómo   ¡estas mujeres cambiaron el mundo para siempre! Tú eres una mujer con el mismo poder, la misma fortaleza, la misma capacidad para también cambiar al mundo. Tu responsabilidad es encontrar a esa mujer dentro de ti ¡y liberarla! ¡Esto es lo que eres! Y cualquier voz que escuches en tu cabeza y te diga lo contrario, es la voz del enemigo; la próxima vez que la escuche, tú dirás ¡No! ¡Yo soy hija del Dios vivo! Valorada, amada, adorada, sobre todas las cosas por el Creador de todas las cosas, por la gloria de quien es mayor que todas las cosas ¡Yo soy grandiosa!

Saber que somos hijas y no huérfana, cambia nuestras expectativas de la vida, porque no vivimos bajo nuestras propias expectativas, sino bajo la realidad de que, si somos hijas, también herederas de todo lo bueno que existe en este mundo. Y si somos herederas es porque no somos huérfanas: "Mirad cuál amor nos ha dado el Padre, para que seamos llamadas hijas de Dios".

$\mathcal{N}otas\ bibliográficas:$

1- Sharon Laynes. La mujer de sus sueños. (El paso, TX: Editorial Mundo hispano, 2006), pp. 53-55, 81-86.

2- Jack Cranfield y Mark Victor Hansen, Encouragement, en Chicken soup for the soul (Deerfield beach, FL, health communications Inc., 1993), p 213.

3- Karol Ladd. The power of a positive Mom (west Monroe, LA: Howard publishing co., inc., 2001.

4- Tomado de Ed Wheat, Love Life for Every Couple (Grant Rapids, MI: Zondervan, 1980), p, 177.

5- Sharon Jaynes. The power of a woman's Words, harvest house publishers, 2007.

6- Dr. Mario Puig. Reinventarse, plataforma Editorial,2000.

7- Nathaniel Branden. La Autoestima de la mujer, Los seis pilares de la Autoestima.1.ª edición 1995.

8- Dr. Myles Monroe. El principio de la paternidad, WHITAKER HOUSE / 2008.

9- Wayne W. Tus Zonas Erroneas/Your Erroneous Zones (Publisher: Lectorum Pubns Inc. (J)Publication Date: 1985

Jeremías 17:5-8

Juan 2:10

1 Corintios 4:15

Marcos 2:22

Jeremías 29:11

Génesis 1:26-28

Salmos 37:4

Salmos 37:4

Salmos 121:1

Santiago 1:26

Juan 6:63

Mateo 12:34

Mateo 15:2

Proverbios 25:25

Génesis 3:1

Génesis 1:26

Juan 1:1

Santiago 3:6

Proverbios 22:6

Deuteronomio 28:4

2 Timoteo 3:15-17

Juan 15:13

Mateo 16:25

Mateo 22:37-39

1 juan 4:8

Ester 7:2

Juan 14:18-20

Proverbios 4:23

Jeremías 31:3

Filipenses 4:8

Efesios 4:23

1 Pedro 2:24

1 pedro 5:7

Proverbios 4:23

Lucas 15:11-32

Romanos 12:3

Levítico 19:18

Juan 13:34

Romanos 8::12-17